CAIO ZIP

O VIAJANTE DO TEMPO

CAIO ZIP

O VIAJANTE DO TEMPO

ALEXANDRE E ARISTÓTELES

REGINA GONÇALVES
REGIS L. A. ROSA

2ª Edição

Rio de Janeiro
2017

Projeto da capa e miolo: Rafael Nobre | Babilonia Cultural | e Vanessa Rosa
Revisão e diagramação: Regis L. A. Rosa

2ª edição - 2017

editoraviajantedotempo@gmail.com www.viajantedotempo.com

CIP-BRASIL. CATALOGAÇÃO-NA-FONTE
SINDICATO NACIONAL DOS EDITORES DE LIVROS, RJ

G624a
2.ed.
Gonçalves, Regina, 1963-
Alexandre e Aristóteles / Regina Gonçalves, Regis Lima de Almeida Rosa. – 2.ed. – Rio de Janeiro : Viajante do Tempo, 2013.
144 p. : il. ; 23 cm (Caio Zip, o viajante do tempo)
Apêndice
ISBN 978-85-63382-62-7
1. Alexandre, o Grande, 356-323 a.C.- Ficção. 2. Aristóteles - Ficção. 3. Ficção brasileira. I. Rosa, Regis L. A. II. Título. III. Série.
17-43931. CDD: 869.93
CDU: 821.134.3(81)-3

SÉRIE DE LIVROS
CAIO ZIP, O VIAJANTE DO TEMPO

O jovem Caio Zip é capturado por uma máquina do tempo que o leva a lugares inesperados em momentos decisivos da História mundial.

ESTA SÉRIE BRASILEIRA FOI PUBLICADA POR GRANDES EDITORAS NA CHINA E NA COREIA DO SUL.

CAIO ZIP, O VIAJANTE DO TEMPO

Cada livro da série será seu passaporte para que você faça uma grande viagem no tempo. Sem malas, sem documentos e com Caio Zip, você vai viver em épocas incríveis que vão desde o Antigo Egito, passando por momentos históricos decisivos com Tutancâmon, Ramsés II, Alexandre - o Grande, Aníbal de Cartago, Arquimedes, Marco Polo, Napoleão, os artistas impressionistas, D. Pedro II, Santos Dumont, Einstein, Picasso, Agatha Christie, Chaplin e mais, muito mais.

Caio Zip terá de encarar enigmas que desafiarão a sua mente. Muitas batalhas para lutar e conquistar grandes conhecimentos... Se sobreviver! Mas para sair das encrencas tem de usar o seu maior poder, que mesmo sem perceber ele usa muito bem: o poder da dedução!

Finalmente, você vai ver História, Arte, Filosofia e Ciência combinadas e integradas de uma forma nunca vista. A proposta da série é divertir, educar e atiçar a curiosidade de outro viajante do tempo: o leitor!

CAIO ZIP é um jovem, como tantos outros, que gosta de computador, jogos, séries, futebol e a sua maior paixão: o skate.

Sentindo-se sufocado com os pais cobrando o tempo todo uma melhor nota na escola, Caio foi rondar sem rumo pela internet. De repente, ouviu um *bip*. Era um *e-mail*, vindo sabe-se lá de onde. Caio abriu e leu:

Bem-vindo, caro amigo curioso.

Quem resolver este enigma salvará o ser vivo que mais precisa de ajuda para não ser extinto.

Enigma dos tempos:

De manhã sou inocente
De tarde sou caçador
No outro dia...
Abandono
Tudo e a todos a minha volta.
Quem sou eu?

Resolva o enigma o mais rápido possível!

Caio ficou olhando, olhando, pensando... E, por fim, digitou a resposta e... Zás, sumiu, tragado por uma espécie de túnel do tempo, levado em uma missão involuntária a civilizações do passado, presente, futuro e dimensões paralelas.

Assim começa a série de livros de ficção histórica Caio Zip – o Viajante do Tempo, dedicada a jovens e adultos. São histórias de mistério e suspense que combinam e integram diversos campos do saber, tais como história mundial, arte, filosofia, ciências e muito mais. A proposta da série é divertir, educar e atiçar a curiosidade de outro viajante do tempo: o leitor!

Caio Zip participa de descobertas e de momentos decisivos da História Mundial. A cada aventura vai amadurecendo e aprendendo que, para sair das encrencas, tem de usar o seu maior poder, que mesmo sem perceber ele usa muito bem: o poder da dedução!

Pelo portal do tempo, Caio Zip avança a seu destino.

Próxima aventura:

ALEXANDRE E ARISTÓTELES

SUMÁRIO

1. Alexandre na Índia - 11
2. O Historiador Calístenes - 14
3. O Encontro com Alexandre - 23
4. Daphne - 29
5. O Jantar Regado a Batalhas - 39
6. O Prisioneiro Indiano - 53
7. No Palácio do Rei Poros - 59
8. A Grande Mãe e a Princesa Roxana - 65
9. O Desafio do Deus Shiva - 69
10. O Ataque das Feras - 79
11. Uma Lição de Filosofia - 83
12. Os Mestres de Atenas - 93
13. O Mestre da Lógica - 101
14. O Desespero dos Soldados - 107
15. As Cartas - 110
16. O Sonho - 114
17. O Grande Desafio - 120
18. O Retorno - 126

Memórias de Alexandre, o Grande - 131

Curiosidades - 139

1. Alexandre na Índia

Fazemos guerra para poder viver em paz.
Aristóteles

A nuvem azulada do portal do tempo foi se dissipando, mas, mesmo assim, Caio Zip não conseguia ver quase nada. Uma fumaça negra o envolvia e um barulho de gritos de homens, misturado com relinchos de muitos cavalos, deixou-o quase surdo.

Alguém vindo por trás empurrou o rapaz fazendo-o tombar dentro de uma poça de lama. Ao tentar levantar-se, quase foi pisoteado por vários homens usando capacetes que cobriam os seus rostos. Espadas e lanças brilhavam ao reflexo da luz do sol. Mais gritos ecoaram, mas, diferente da outra vez, soaram tão intensos que fizeram o garoto sentir uma dor aguda no peito como se tivesse sido atingido por uma daquelas armas bem no coração. Um sentimento forte de pavor misturado com ódio o cercava. A nuvem negra estava mais fraca, e agora visualizava-se um imenso campo árido, coberto de soldados guerreando e de outros abatidos no chão, carregados por expressão de terror.

À sua frente, havia uma enorme construção de madeira onde Caio pôde observar focos de pequenos incêndios. Uma espécie de carroça com uma torre de madeira muito alta em cima e uma gigantesca lança na sua frente estavam encostadas em uma das paredes daquela fortaleza. Movimentava-se sozinha e tentava, insistentemente, derrubar o obstáculo. Caio se aproximou daquele estranho engenho tão diferente e descobriu que, dentro daquela torre, havia uma centena de homens amontoados. A maioria estava empurrando a torre que os protegia das lanças atiradas da construção, enquanto outros balançavam pra frente e pra trás uma gigantesca tora de madeira pontiaguda pendurada na torre contra o paredão. Quando finalmente conseguiram abrir uma grande brecha, vários homens saíram daquele tanque primitivo segurando suas armas. Entraram pela brecha defendida a todo custo pelos adversários, mas, mesmo assim, avançaram como um bloco bem resistente, gritando numa só voz:

– Alexandre!

Caio escutou um forte zumbido. Olhou para o céu e um enxame de flechas voava por sua cabeça, vindas detrás das árvores de uma vasta floresta. Assustado, ele correu e se escondeu atrás de um grupo de pedras.

Do seu lado esquerdo, pôde assistir à chegada de outros engenhos, mas esses eram diferentes. Alguns traziam placas de madeira que serviam como rampas para auxiliar outro grupo de soldados a atravessar uma vala. Os demais eram assombrosas catapultas que lançavam enormes pedras ou bolas de fogo.

Um grave som chamou a atenção do viajante do tempo. Eram clarins que davam o sinal para milhares de cavalos avançarem, vindos do mesmo local de onde partiram as flechas. Em seguida, tocaram centenas de tambores do outro lado. De repente, Caio sentiu a terra tremer. A vibração ficava cada vez mais forte. Quando ele se virou, ficou boquiaberto. Lá estava um exército de elefantes de grandes presas. Cada animal carregava, nas suas costas, pequenas torres com dois guerreiros armados. Um guia sentado no pescoço do gigante o cutucava com os calcanhares e puxava as orelhas de um lado para outro. Eles avançaram em cima dos cavalos esmagando tudo à sua frente. A única chance dos cavaleiros foi a ajuda dos arqueiros, que se aproximaram e desfecharam dúzias de dardos naquela couraça impenetrável. Como último recurso, começaram a mirar nos guias e, quando conseguiam atingir um deles, a fera ficava perdida. Jogava a torre das suas costas no chão e, às vezes, até corria em direção ao seu próprio exército, pisoteando muitos homens apavorados.

2. O Historiador Calístenes

A educação tem raízes amargas, mas os frutos são doces.
Aristóteles

"O*nde eu estou? Em que época a droga da máquina do tempo me meteu?*". As perguntas zumbiam nos pensamentos do jovem Caio, que não conseguia se concentrar com todo aquele barulho e movimentação. Tudo cessou, por alguns instantes, quando Caio sentiu a presença de alguém nas suas costas. Era um jovem um pouco mais velho do que ele, de cabelos pretos encaracolados, olhos castanhos escuros e com um nariz grande e curvo, vestindo uma túnica branca curta, sandálias de couro e braceletes dourados num dos braços. Junto estava um homem uniformizado tal como os guerreiros que invadiram a construção, mas que parecia ser uma espécie de oficial. O jovem chegou mais perto e gritou:

– O que está fazendo aí? Quer ser morto? – o estranho puxou o braço do indeciso. – Venha comigo! Vamos sair daqui!

Caio obedeceu, e os dois correram em direção à floresta, enquanto o tal oficial se mantinha na retaguarda. Ao chegarem ao topo de uma colina, Caio ficou impressionado. Mais ao norte havia outro campo, com centenas de barracas, milhares de cavalos, bois carregando carroças e homens e mulheres indo de um lado para outro.

Surgiu outro rapaz de cabelos castanhos, olhos verdes, com a pele clara e uma cicatriz no rosto, vestindo roupas mais simples. Ele se aproximou dos recém-chegados. Olhou para Caio, estranhando-o.

– Quem é ele, Calístenes? É um novo escravo?

– Eu não sei, Enelau! Eu só o tirei do campo de luta. Esse louco estava lá desarmado – disse Calístenes, virando-se para Caio. – Quem é você, rapaz?

Caio Zip ficou calado. O barulho da batalha havia deixado um forte zumbido na sua cabeça.

– Acho que ele não entendeu – concluiu Calístenes. – Não faz mal. Por ora podemos usá-lo como um criado.

– Ah! – desabafou Enelau. – Até que enfim minhas preces foram atendidas. Finalmente, terei uma ajuda nas tarefas. Desde que Alexandre matou os meus companheiros pajens, tenho tido mais trabalho do que nunca. Enelau encarava friamente Calístenes.

– O que é? Por que está me olhando assim? Ainda acha que sou culpado pela morte dos pajens? Foram eles que armaram a conspiração contra Alexandre.

– Culpa sua!

– Se quer culpar alguém, culpe Hermolau, que os delatou. Aquele maldito pajem ainda teve a ousadia de dizer que eu era o mentor intelectual.

– E é verdade, sim! Você sabe que boa parte da culpa de eles terem tentado matar Alexandre foi porque você encheu a cabeça deles, falando mal sobre a ordem de Alexandre de impor a *proskynesis.*

– E eu não tenho razão? Esse é um costume persa. Nenhum grego vai reverenciar reis, muito menos se ajoelhando. Isso só se faz como veneração aos deuses.

– Meus amigos pajens morreram – insistiu Enelau.

– Vocês, pajens, são filhos de nobres macedônios e deveriam ter orgulho em servir ao rei. O que Alexandre fez foi uma verdadeira humilhação!

– Mas você não poderia ir com mais calma? Ainda não aprendeu que Alexandre é muito violento quando contrariado? Você não foi morto por pouco.

– Deixe-me em paz, Enelau. Não quero mais falar sobre isso.

Enelau, mesmo aborrecido, voltou a reparar em Caio.

– Ele deve ter alguma serventia... Olha só esse calçado mais esquisito! – observou o pajem ao ver Caio usando um tênis coberto de lama.

Esse traje também é bem diferente, Enelau – riu Calístenes. – Parece uma calça como as que os persas usam, mas só vai até os joelhos, e a parte de cima, uma roupa em cima da outra... E ainda por cima tão largas. Olha só esse adereço enfiado na cabeça dele! – apontava Calístenes para o boné de Caio.

– Que capacete mais ridículo! – riu Enelau.

– Não seja estúpido, Enelau. Isso é somente um tipo de chapéu. Ele deve ser de uma dessas cidades daqui dessa região desconhecida.

– Para mim, parece um capacete ruim. – Enelau rodava em volta de Caio. – Esse garoto tem língua? – disse o pajem, apertando o queixo de Caio com as duas mãos, tentando abrir a boca à força. Caio reagiu com raiva mexendo a cabeça bruscamente.

– Ô, calma aí! – ralhou Enelau. – Não vou machucá-lo.

– Ah, Zeus! – prosseguiu Calístenes. – Mais um bicho estranho que encontramos nessas terras longínquas.

– Pelo menos ele só está sujo. Não teremos que nos preocupar em lhe arranjar outra vestimenta. Já está muito difícil de conseguir uns panos decentes por aqui! Se a tropa macedônia não trouxer logo os mantimentos, daqui a pouco seremos obrigados a guerrear sem roupa, como nos jogos atléticos.

"*Alexandre? Tropa macedônia?*" pensava Caio. "*Que droga! Em que época estou? Pelos trajes parece que estou numa batalha da Roma ou Grécia antiga contra algum povo do Oriente.*"

– Seja quem for, é um tolo por ficar numa batalha sem nenhuma arma – os três jovens viraram para trás para ver quem estava a fazer aquele comentário. Era o soldado que Caio tinha visto antes junto a Calístenes. O oficial logo se postou diante de Caio e esbravejou: –

Diga, seu bastardo imundo, de que tribo você veio?

Caio já havia recuperado sua audição. Aquelas palavras foram muito afiadas para ele, que cerrou os punhos e mordeu o lábio. Para não arranjar briga e ficar sem destino, controlou seu gênio. Permaneceu firme no seu silêncio e esperou que eles continuassem a falar para tentar descobrir onde, ou melhor, em que tempo se encontrava.

– Deixe-o em paz, Pérdicas! – pediu Calístenes. – Afinal, nem todos vieram aqui para matar.

– Claro! Enquanto você e os outros estudiosos tiverem a mim e a meus homens para protegê-los, não vão precisar lutar.

– Eu sei me defender. – Calístenes puxou um punhal dourado com o cabo todo trabalhado em ouro debaixo do cinturão e o exibiu. – Antes de sair de Pela, meu tio Aristóteles me pediu para usar este punhal somente se não houvesse alternativa. Graças aos deuses, por enquanto, só tive que usá-lo para comer.

– É fácil seu tio ser um amante da vida, Calístenes – zombou o soldado. – Enquanto ele está tranquilamente dando aulas nos jardins do Liceu, nós estamos aqui tentando achar o fim do mundo. Meus homens estão cansados de terem que lutar numa terra tão selvagem que esconde tigres famintos!

– Aristóteles? Liceu? – espantou-se Caio. – O único Aristóteles que eu já ouvi falar era um grande filósofo. Mas isso foi há muito tempo!

– Ah, o rapaz fala! – disse Pérdicas, virando-se para Caio. – Mas que forma estranha de falar. Que história é essa de há muito tempo? Assim parece que Aristóteles já morreu.

– Bom, eh... É que... Às vezes eu me confundo. O que eu queria dizer é que acho que o Aristóteles do qual vocês estão falando deve ser aquele filósofo famoso, não é isso? – ressaltou Caio, ajeitando o boné.

– Ah, falando assim sobre o meu tio me deu uma saudade imensa dele – comentou Calístenes. – Como eram boas suas aulas! Ele inovou tanto na maneira de conduzi-las. A maior parte do tempo ficávamos ao ar livre... Meu tio, o mestre, e nós, seus discípulos, passeando entre as árvores, observando e debatendo tudo. Ele nos ouvia, tratava-nos com respeito e procurava sempre estimular-nos, primeiro ensinando-nos a pensar, ensinando-nos a aprender... Como nós ficávamos motivados...

– Nossa! – admirou-se Caio. – Quem me dera ter uma escola assim no meu tempo, quero dizer, lá na minha terra. Lá, somos obrigados a ficar numa sala fechada todo o tempo...

O som da intensa batalha ainda se fazia presente, deixando o oficial preocupado.

– Vocês ficam aí falando bobagens – reclamou Pérdicas –, enquanto meus homens estão cansados de ter que lutar numa terra tão selvagem!

– Pior mesmo só os insetos – interrompeu o jovem pajem. – Esses malditos comem a gente vivo!

– Maldita terra! – desabafou o oficial. – Não vale todo este nosso sacrifício. Como gostaria que Alexandre parasse com tudo isso e voltasse para casa!

– Jamais – discordou Calístenes. – Alexandre só vai parar quando tiver conquistado tudo e todos.

– Juramos acompanhá-lo, mas está cada vez mais difícil prosseguir. Para piorar, há dias que não temos um vinho decente para suportar melhor essas desgraças.

– Se essas feras guerreiras não nos matarem, certamente as chuvas vão – exagerou Enelau. – Já são 35 dias neste aguaceiro estragando tudo.

– Que inferno! Meu filho já está com cinco anos, e eu não quero morrer aqui sem conhecer o rosto dele. – o homem se afastou antes de desabar diante dos jovens. Os olhos do guerreiro refletiam a saudade do lar, mas suas mãos cerradas sobre o cabo da espada embainhada denunciavam a raiva e a dor. O oficial desceu a colina em direção ao acampamento com passadas fortes afundando os pés naquele caminho lamacento.

– Às vezes, chego a pedir aos deuses do Olimpo e até ao deus Ares que Alexandre seja derrotado – revelou Calístenes, esfregando o rosto suado. – Acho que só dessa forma ele vai entender que, mesmo acreditando ser um deus, ainda é seguido por simples mortais.

– Como ele tem forças, Calístenes! Todos nós aqui já estamos a ponto de desistir!

– Eu não sei! Tenho desavenças com Alexandre, ele tem um temperamento muito difícil, mas tenho que admitir que Alexandre é uma das personalidades mais fascinantes que já vi.

– Ainda não entendo como um aluno de seu tio Aristóteles que foi tão mal nos testes de filosofia pôde virar o soberano da Grécia, deus na Pérsia, representando o próprio deus Ahura Mazda, e, ainda por cima, um faraó aclamado como filho do deus Amon. Como pôde ser o todo-poderoso se, no exame de gramática, ele nem sabia o que significava a palavra "planeta"? Por Atena! Qualquer pessoa culta sabe que planeta quer dizer "vagabundo".

– É! A prova estava um leite de cabra com mel. Acho que a deusa da sabedoria estava caçando com a deusa Ártemis nesse dia e o abandonou na prova – brincou Calístenes. – Ele é brilhante, principalmente nas estratégias e na matemática, mas, depois que desatou o nó de Górdia, ele parece mais arrogante do que nunca.

– Desatou! Você está babilônico? – comparou Enelau com o povo da Babilônia, famoso por tentar fazer uma torre para alcançar a Deus. – Você quer dizer cortou. A lenda dizia que o homem que desfizesse aquela coisa se tornaria o grande conquistador da Ásia. Quem podia imaginar simplesmente cortá-lo com a espada? Para mim, ele trapaceou!

– Alexandre está cada vez pior – continuou Calístenes. – Ele só pensa em conquistar mais e mais territórios.

– Não sei, não. Acho que, mesmo enfrentando tantas batalhas, ele ainda continua com o pensamento de espalhar a cultura grega por todos os lugares que conquista.

– No início até que sim, mas, hoje em dia, tenho minhas dúvidas. Durante esses últimos confrontos, ele tem falado pouco em executar a ideia de meu tio.

– Que ideia?

– Como que ideia! Aquela de construir uma biblioteca, um centro de conhecimento de todos os povos em uma das suas Alexandrias.

– Qual delas?

– Aquela que Alexandre fundou nas terras do Egito, no delta do rio Nilo.

– Mas ali! Que eu me lembre, lá só vive um punhado de pescadores.

– Quando estivemos no Egito, Alexandre teve uma visão.

– Ah, mais uma visão! – desanimou-se Enelau. – O que os deuses enviaram desta vez?

– Zeus mandou que Alexandre traçasse o plano da nova cidade que possuiria em abundância toda espécie de bens e conteria grande número de habitantes provenientes de todos os países do mundo.

– Ah, Zeus! – clamava o pajem com as mãos erguidas em direção ao céu. – Por que não mandou Alexandre construir a cidade pessoalmente! Eu não aguento mais essa abundância de sofrimento. Ah, deuses, eu não entendo Alexandre. Realmente fica difícil Alexandre ter a cabeça ocupada em construir a biblioteca na Alexandria do Egito, enquanto ele está aqui de corpo e espírito conquistando tantos povos.

– Não deveria ser. Você sabe que os livros e os mapas são valiosos para Alexandre. Os livros históricos lidos por ele o ajudaram a ter uma visão mais apurada do mundo. Mesmo sem nunca ter visitado as terras inimigas, ele as conhece muito bem, o suficiente para poder atacá-las.

– Ah, Calístenes, eu acho que ele já leu livro demais.

– Fico chateado de ver que ele parou de ler tanto como antigamente. Ele não tem lido os meus últimos relatos sobre minha obra.

– Sua obra. Ah, Alexandre não vai gostar de ouvir você dizendo isso. Você apenas está escrevendo a *História da Expedição de Alexandre,* uma obra só dele.

– Seja como for, ele não tem lido. O máximo que ele faz é continuar consultando, de vez em quando, o livro de Xenofonte.

– Livro de quem?

– Aquele militar, Enelau, aquele grande historiador que escreveu sobre a retirada dos dez mil mercenários gregos das terras do império persa e sobre táticas militares. É o tipo do livro que faz a gente conhecer o mundo da cavalaria. São páginas gloriosas da história militar grega.

– Eu só sei que preferiria conhecer qualquer mundo conversando nos jardins do palácio de Alexandre a ficar aqui. Pelo menos lá, eu não tinha medo de ser devorado, esmagado ou estrangulado, a não ser quando seu tio mandava fazer os deveres de matemática ou geometria e eu os "esquecia" dentro do forno.

– Alexandre está indo longe demais, Enelau!

– Você acha isso? – riu o criado. – Só andamos dos limites da Macedônia até aqui, no vale do rio Indo.

– Eu quis dizer que ele está descontrolado.

– Se o seu tio não conseguiu, ninguém mais conseguirá. Bastou seu tio contrariá-lo uma vez sobre política para que Alexandre arranjasse briga.

– Ele quase matou o meu tio.

– E a você também – sorriu Enelau, vendo o rosto de Calístenes aborrecido. – É o que eu vivo dizendo a você. Alexandre é furioso com aqueles que se opõem a ele. Ao contrário de Aristóteles que, para fazer as pazes, enviou você, que vivia fazendo perguntas o tempo inteiro nas aulas, e mais Alexandre, o bagunceiro e teimoso, para esses confins do mundo. Realmente Aristóteles é um sábio.

Calístenes sentiu a malícia do criado e falou num tom agressivo.

– Meu tio queria ter vindo, mas achou que uma mente jovem e ansiosa pelo conhecimento seria melhor. Enquanto você, o dorminhoco, veio para nos servir, ou já está esquecendo o seu lugar?

– Claro, meu amigo – concordou o pajem, colocando um braço em volta do ombro do aborrecido enquanto, com o outro braço, apoiava-se em Caio. – Mas não sou eu quem fica o dia inteiro catando ervas como antídoto para o veneno de cobras ou encontrando por aí garotos sujos como porcos.

Caio ficou furioso com o que escutou. Perdeu o controle e começou a empurrar Enelau, que revidou com um murro que passou raspando. Calístenes, ao ver aquela confusão, tentou apaziguar os dois, que já estavam a rolar pelo chão.

3. O Encontro com Alexandre

A sorte favorece os audazes.
Alexandre, o Grande

Soaram as trombetas. Os três pararam a discussão ao perceberem que estava chegando uma enorme comitiva. Eram oficiais voltando da luta montados em cavalos com uma espécie de couraça. Junto deles, havia soldados marchando e alguns feridos sendo trazidos em macas improvisadas. Na retaguarda, vinham centenas de prisioneiros vestidos com túnicas e turbantes escuros na cabeça. Eram, na maioria, homens altos de pele bem acobreada. Seguiam também dezenas de elefantes de presas afiadas. No centro daquela comitiva, estava um homem musculoso, de cabelos escuros e pele bronzeada. Seu corpo era protegido por uma armadura dourada enlameada de sangue e, no seu braço, estava um grande escudo de madeira revestida com uma camada de bronze que reluzia os vestígios de uma luta feroz. Aquele homem ostentava um olhar penetrante, que não deixava nenhuma dúvida de ser o mais poderoso entre todos aqueles guerreiros. O líder vinha montado num cavalo negro que se destacava dos demais pelo seu tamanho, mais parecendo um touro. Os rostos daquela tropa demonstravam um profundo cansaço, exceto o do condutor do belo animal. Ao lado do imponente guerreiro, havia um enorme cachorro de pelo curto, castanho, que, ao farejar a presença de Enelau, foi ao seu encontro na maior disparada.

– Calma, Peritas! – pediu o pajem quase derrubado pelo cão aflito.

– Esse bicho gosta muito de você – ria Calístenes. – Cuidado, amigo! Alexandre nunca gostou de repartir suas coisas.

– Pelos deuses! Pare com isso! Esse pulguento só me procura porque vivo na cozinha.

O dono do cachorro sentiu a sua falta e o procurou. Ao avistá-lo com os três rapazes na colina, galopou ao encontro deles. Chegando lá, desceu do animal e olhou friamente para um dos jovens.

– O que está tramando agora, Calístenes? Mais uma conspiração dos pajens?

– Eu? Por que diz isso, Alexandre? Como você pode imaginar isso de mim, o seu historiador favorito? Eu só estava aqui apresentando o novo garoto que encontrei durante o combate.

Enelau riu sem ninguém perceber. O rei ficou inspecionando Caio, que ficou sem ação.

– Não é um indiano – ponderou o soberano, esfregando a pesada mão no rosto do garoto estranho, tirando um pouco da lama. – Apesar de bronzeado, sua pele é bem mais clara que a dos habitantes daqui.

– Como sabe? – questionou Calístenes.

– Olha aqui perto das orelhas – disse o homem, pegando firme no queixo de Caio e o virando de um lado para o outro. Alexandre, mais curioso ainda, continuou com a revista – Olhos castanhos, nariz pequeno e reto, ombros largos e braços e pernas fortes...

– É, os braços são fortes, mas – interrompeu o pajem, dando um tapinha na barriga de Caio. – ele parece um pouco fora de forma.

– E esses cabelos pretos e desalinhados – Alexandre tratou de puxar um punhado do cabelo curto do jovem.

– Para mim isso é castanho – contrariou Calístenes.

– Será que tem mais dele por aí? – indagou Enelau.

– Diga o seu nome, rapaz! – o rei pronunciou aquelas últimas palavras como se ecoassem de um trovão. – De onde você veio?

Depois de tanto tempo em silêncio, Caio ficou um pouco nervoso.

Ao respirar fundo, conseguiu, finalmente, soltar uma voz, mas.... Soou muito fininha:

– Sou Cai... Zip! – Caio bem que tentou corrigir, rapidamente, falando num tom firme e grosso, mas não antes de os outros dois jovens caírem na gargalhada.

– Por meus irmãos deuses! Isso aqui virou uma bagunça! – zangou-se o soberano. – Esse meu exército começou com pouco mais de 40 mil soldados, a maioria de origem macedônia, mas agora tenho recrutado 40 mil de não sei o quê... Eu nem sei mais como vieram parar aqui!

Enquanto o soberano semideus comentava, uma serpente enroscou-se na pata do cavalo real. O corcel reagiu levantando as patas da frente e depois, com um pinote, soltou-se das mãos de Alexandre e desceu a colina, alucinado.

– Bucéfalo, pare! – berrou o dono. – Alguém segure o meu cavalo!

Os homens, que já estavam descansando nas barracas, saíram para ver o que estava acontecendo. Desorientados, custaram a tentar resolver a situação. Caio Zip percebeu o perigo de o animal machucar-se. Num relance, arrancou das mãos do rei o escudo, jogou-o no chão, saltou para cima da nova prancha e desceu a colina, como se estivesse no seu skate. Ninguém acreditou nas manobras que fez para conseguir mais velocidade. Durante o percurso, ele tirou sua camisa e a esticou na sua frente como uma vela. Num certo momento, usou uma pedra bem lisa como se fosse uma rampa e deu um salto. Quando conseguiu atingir uma boa altura, avistou o desembestado bem abaixo. Com uma certeira pontaria, lançou a camisa, caindo bem em cima da cabeça do animal, cobrindo-lhe os olhos. Caio conseguiu amortecer a sua queda dando uma cambalhota, e Bucéfalo, sem enxergar, acabou parando.

Alexandre vinha correndo logo atrás com os outros companheiros a segui-lo. Pegou as rédeas e verificou se havia algum machucado em Bucéfalo. O salvador se levantou e caminhou com dificuldades.

– Pare! – ordenou o rei a Caio. Alexandre foi até o ferido, deu um forte abraço e falou muito emocionado. – Você foi enviado pelos deuses! Só desta maneira posso explicar tamanha bravura.

– Não foi nada!

– Nada? Bucéfalo é tudo para mim. Quem lhe ensinou aquele truque de vendar os olhos do animal?

– Ah. Eu aprendi numa outra época, numa das minhas viagens.

– Você chegou a me lembrar da época em que fui tremendamente esperto ao ser o único a conseguir domá-lo. – Alexandre deu um pequeno sorriso, enquanto acalmava o cavalo esbaforido. – Meu pai não queria comprá-lo por achar que ele era selvagem demais. Nenhum dos homens lá presentes foi capaz de montá-lo.

– Ele é tão difícil assim?

– Meu pai riu quando viu que eu, o filho com somente doze anos, queria tentar domá-lo quando todos os outros já davam o cavalo por perdido. De tanto eu insistir, ele me deixou tentar.

– E como você conseguiu? – sorriu Caio. – Colocou uma venda?

– Quase isso. Eu simplesmente tinha notado que Bucéfalo ficava muito agitado quando olhava para a própria sombra. O que fiz foi colocá-lo contra o sol. – Alexandre acariciava o belo animal mantendo um olhar nostálgico. – Ah, meu velho companheiro, você já me salvou inúmeras vezes nas guerras. Nenhum cavalo é tão digno quanto você. Não seria tão feliz nem montado em Pegasus.

– Nem pelo cavalo alado de Perseu? Nada mau.

– Hum! Que interessante – esboçava Alexandre um sorriso. – Você conhece nossas histórias.

– Assisti a filmes.

– O quê?

– É um jeito de saber algumas histórias. Mas eu também li alguns livros.

– Gosta de ler. Já leu Ilíada?

– Minha mãe já leu alguma coisa para mim. Ela gosta muito de história antiga.

– Temos muito em comum. Minha mãe sempre soube o valor de cultuar nosso passado. Ela sempre me mostrou que eu deveria seguir os passos do grande herói Aquiles, meu ancestral.

– Tá falando de Aquiles, aquele da guerra de Troia, que tinha como único ponto fraco o calcanhar? Uau! Você descende dele?

– Sim. Eu sou Alexandre III da Macedônia.

– Quem diria – riu Caio. – Eu estou na frente de Alexandre, o Grande.

– Gostei de ser chamado assim. O que você sabe sobre meus feitos?

– Eu não sei muito, mas sei que, por você ter sido um grande conquistador, sempre será conhecido como Alexandre, o Grande.

Alexandre pegou um punhal escondido na armadura. De um modo inesperado, o rei fez um pequeno corte no próprio pulso e depois fez o mesmo no pulso de Caio. Em seguida, uniu os dois cortes.

– Pronto! – disse ele. – Nosso sangue, agora, é um só, meu novo irmão.

– Como você pôde fazer isso! – protestou Calístenes, mais recuado de Alexandre e Caio. – Você nem sabe quem ele é. Ele bem pode ser um espião.

– Eu fiz, e está feito – declarou Alexandre com um olhar de fúria.

Caio se sentia zonzo, principalmente por estar havia tanto tempo sem comer e dormir. O soberano percebeu e logo ordenou aos criados que cuidassem do herói, oferecessem a ele comida e, principalmente, o banhassem.

– Não precisa! – relutou Caio Zip. – Eu já sou bem crescido pra tomar banho sozinho. Deixa que eu faço isso!

– Como pode ser? – Alexandre riu dos modos do estrangeiro. – Tem certeza?

– Eu estou bem.

– Se prefere desse jeito. Vá com eles para minha tenda e cuide-se – o rei afastou-se de Caio e caminhou até um oficial que assistira a proeza do estranho herói com muita curiosidade.

– Ptolomeu, preciso que reúna os engenheiros, agora, e diga que quero refazer os cálculos para atacar a próxima cidade. Os arremessos das balistas estão baixos, o balanceamento dos aríetes e o alcance das catapultas precisam ser revistos. Ao anoitecer, quero todos na tenda principal para estudar o posicionamento das torres. E não se esqueça de enviar os batedores para verificar o terreno.

– Farei agora mesmo – o oficial correu, enquanto Alexandre voltou para cuidar de Bucéfalo.

4. Daphne

Nada é impossível para aquele que persiste.
Alexandre, o Grande

Ao entrar na tenda do rei, Caio logo sentiu o forte contraste. Do lado de fora, aquela terra selvagem e úmida, com uma floresta cerrada e tão difícil para se viver, enquanto lá dentro encontrava-se a mais luxuosa decoração, com todas as mordomias de um palácio. No centro, havia uma mesa dourada cheia de mapas, feitos em pergaminhos de pele de animal, miniaturas dos engenhos que ele vira durante a tomada da cidade, e mais alguns instrumentos. Embaixo da mesa, caixas com variados tipos de plantas embaladas cuidadosamente e dezenas de animais embalsamados. Do lado esquerdo, diversos móveis, vasos pintados com fundo preto e uma mesinha cercada por alguns divãs. O chão estava coberto com peles de animais, tais como: tigres, zebras, antílopes e leopardos. Lenços coloridos dividiam a sala de um recinto que parecia uma saleta para banho, onde a banheira era uma gigantesca casca de tartaruga cercada por velas acesas e incensos perfumados exalando um aroma adocicado de uma espécie de jasmim. Do outro lado, uma cama estava coberta com outras peles de animais e mantos coloridos feitos de linho, e parecia bem convidativa para o sono dos reis. Perto desse móvel, havia uma grande balança de dois pratos.

Os criados caminharam para a saleta e prepararam o banho do herói do dia. Encheram a banheira com água morna e espalharam pétalas de flores brancas. Na mesinha colocaram uma túnica feita de linho, sandálias de couro e um cinturão de couro. Caio teve que insistir muito para ficar sozinho.

Quando finalmente banhou-se e vestiu as novas roupas, os criados retornaram trazendo bandejas com frutas, mas ficaram muito espantados com o que viram. O rapaz havia vestido o seu bermudão todo molhado que pingava em cima da pele de zebra e usava a túnica como se fosse um camisão. Calçava o seu tênis que, ao caminhar, fazia barulho de água, e mais o estranho chapéu.

– É um boné! – explicou Caio. – Ele me dá muita sorte.

Caio serviu-se de frutas e experimentou uma bebida à base de mel, farinha, água, vinho e queijo, servida num recipiente elegante, com duas alças, chamado de "caneca de Nestor". Os criados insistiam em dizer que aquela mistura dava muita energia. Vencido pelo cansaço ou pela bebida estranha, o rapaz desmaiou no suntuoso leito real. Passado um tempo, acordou muito bem disposto se espreguiçando.

– Dormiu bem, rapaz! – ressoou uma voz suave e feminina.

– Quem é você? – questionou o garoto, impressionado com a bela garota à sua frente sentada no chão, que tinha cabelos dourados e cacheados, amarrados por uma presilha dourada, e vestia uma túnica lilás.

– Meu nome é Daphne. Estou aqui para cuidar dos seus ferimentos. O médico Felipe é meu pai e mandou que preparasse o remédio para você.

O garoto não conseguia desviar-se daqueles olhos verde-água, e daquele rosto rosado como uma pétala. Aquele rosto, aquela voz de anjo...

A moça, mais nova do que Caio, foi até a balança e a trouxe para perto do rapaz, que já estava sentado na cama se arrumando e penteando com a mão, o melhor possível, o seu cabelo desgrenhado. Ela tirou de uma sacola ao lado da cama algumas folhas, raízes, sementes e frascos contendo pétalas de diversas cores. Depois retirou um pequeno pergaminho.

– Tenho que preparar corretamente, pois esses remédios, quando os ingredientes não estão em quantidades equilibradas, podem até matar.

Ela pegou uns pesinhos em forma de cubo e colocou em cada prato da balança. Foi colocando cada vez mais unidades, tentando manter os pratos equilibrados para testar a pesagem. Quando tirava dois cubos de um dos pratos, por exemplo, tinha o cuidado de tirar outros dois do outro prato.

– Pronto! A balança está calibrada! Agora eu posso começar.

Daphne desenrolou o papiro com a receita e falou em voz alta:

SOME O DOBRO DAS SEMENTES DE GIRASSOL COM 63 UNIDADES ATÉ OBTER UMA IGUALDADE NO VALOR DE 123 UNIDADES.

ADICIONE 90 UNIDADES À METADE DE FRASCOS DE PÉTALAS DE ROSAS ATÉ OBTER O VALOR IGUAL A 200.

JUNTANDO A QUARTA PARTE DE RAÍZES FORTES COM SUA SEXTA PARTE, DEVERÁ OBTER O MESMO VALOR QUE A DIFERENÇA ENTRE O VALOR DAS RAÍZES COM 56 UNIDADES.

Daphne leu novamente e depois se virou para Caio com um sorriso.

– Você está entendendo alguma coisa dessa receita? Meu pai poderia ter facilitado esse trabalho. Acho que ele está me testando de novo. Isso tem algum sentido para você?

– Claro! – respondeu Caio, que parecia estar em transe – Agora tudo faz sentido! Basta juntar a quarta com a sexta e mais sábado e domingo e teremos uma ótima semana.

– Por Hipócrates! Você está começando a delirar. O caso é mais sério do que imaginava. Vou pedir a ajuda do meu pai.

– Não! – pediu o garoto voltando a si. – Eu estou bem! Juro! Talvez se você falar em partes... Isso está parecendo mais uma charada do que uma receita. Acho que, se a gente resolver em partes... Não tem outra forma de resolver isso?

– Tem razão! Vamos tentar a primeira parte:

"Some o dobro das sementes de girassol com 63 unidades até obter uma igualdade no valor de 123 unidades".

– Eu conheço um jeito de fazer isso. Podemos colocá-la em forma de linguagem matemática. O que acha de chamarmos as sementes de S, o dobro das sementes seria o mesmo que 2S.

– É estranho, mas continue para ver se eu entendo.

– Bom, a gente pode então juntar 2S com 63 e igualarmos ao valor de 123 unidades. Veja se não parece mais fácil agora. Só vamos precisar no momento achar o valor das sementes, representado pela letra S.

– Continue.

– Que tal fazer como em uma balança? – Caio estava bem envolvido com a solução do problema e com os lindos cachos dourados da menina. – Assim podemos manter os dois lados da igualdade em equilíbrio enquanto a gente retira 63 unidades de ambos os lados.

– Normalmente, resolvo essas questões com a ajuda dessa balança, mas esse modo que você está mostrando parece mais fácil, pois basta continuar efetuando as contas. Agora, deixa ver se eu consigo continuar: $2S + 63 - 63 = 123 - 63$, portanto, $2S = 60$, é isso?

– Tá pegando o jeito.

– Temos, então, como valor do dobro das sementes o seu tal 2S. Como desejamos o valor de S, e sabemos que 2S vale 60, logo, basta dividir por 2 em ambos os lados.

– Então, 2 S / 2 = 60 / 2

– Logo, o valor das sementes é igual a 30 unidades.

– Muito bem. Você é boa em resolver problemas!

– Ah, não! Ainda estou aprendendo. Mas já vi que você é ótimo em resolver questões colocando em uma forma matemática. Deve ser o seu passatempo favorito: estudar matemática. Adora, não é?

Daphne estava com aqueles olhos verdes encarando com muito interesse o rapaz, que estava muito abobalhado. Parecia hipnotizado por aquele lindo olhar que o faria gostar de qualquer matéria.

– Euuu... – gaguejou Caio. – Eu adoro essa matéria, sempre a achei linda, muito doce.

– Então, você me mostra como podemos continuar?

– Só precisamos resolver a equação.

– Equação! – espantou-se a garota. – Que bicho é esse?

– Você também acha que é um bicho? Muitas vezes eu também acho – riu Caio, deixando Daphne um pouco assustada.

– Explique melhor o que é equação.

– Equações são todas as sentenças que representam uma igualdade, o que envolve descobrir o valor de uma letra, como no exemplo anterior. Esse valor desconhecido, o meu professor dizia que era denominado incógnita. Ele também dizia que devíamos sempre isolar a incógnita.

– Como se fosse uma doença? – comparou Daphne.

– É, pensando bem, é como se fosse – riu Caio. – Desse jeito, a gente isola a incógnita dos outros números usando o símbolo de igual como uma barreira, mas tendo o cuidado de que cada número que for separado da incógnita tenha a sua operação invertida em ambos os lados, para manter os lados em equilíbrio.

– Se é assim, voltando à receita:

"Adicione 90 unidades à metade dos frascos de pétalas de rosas até obter um valor igual a 200."

– Nesta parte da receita – raciocinou Caio. – Podemos chamar a incógnita que agora se trata do frasco de pétalas de F. A gente, agora, pode fazer: 90 + F / 2 = 200 , então F / 2 = 200 – 90, daí, F / 2 = 110.

– Logo, F = 110 X 2, ou F = 220 unidades. O valor do frasco de pétalas é igual a 220 unidades.

– Isso mesmo.

– Acho que entendi. Já conseguimos resolver essas duas incógnitas, mas...

– Mas o quê?

– Como nós vamos fazer com esta última parte da receita? – Daphne releu a receita.

"Juntando a quarta parte de raízes fortes com sua sexta parte deverá obter o mesmo valor que a diferença das raízes com 56 unidades."

– Parece mais complicado – disse ela. – Acho que vou chamar Calístenes. Ele pode nos ajudar.

– Não, não! Eu resolvo. Você não precisa dele.

Caio pegou uma folha de papiro e começou a calcular, tentando lembrar-se como se resolvia aquela coisa.

– O que acha de fazermos assim? – sugeriu Caio. –Vamos chamar as raízes de R e depois podemos fazer: R / 4 + R / 6 = R – 56.

– É, eu acho que podemos. Mas agora tem um R dividido por 4 e outro por 6. O que fazer?

– Hum! Para acabar com R / 4 vamos multiplicar tudo por 4 Ficaria: 4R / 4 + 4R / 6 = 4R – 4 X 56. Teremos: R + 4R / 6 = 4R – 4 X 56.

– Tem também esse R dividido por 6.

– Agora, vou multiplicar tudo por 6... Daí fica: 6R + 6 X 4R / 6 = 6 X 4R – 6 X 4 X 56. Simplificando: 6R + 4R = 24R – 24 X 56.

– E agora a gente isola o R?

– Isolando o R então... 6R + 4R = 24R – 24 X 56, isto é, 14R = 24 X 56. Agora dividimos tudo por 14, então R = 24 X 4, ou R = 96. É isso, sim! Raízes fortes valem 96 unidades.

– Por Atena! – animou-se a garota. – Você tem o dom da sabedoria. Tenho certeza que Aristóteles gostaria muito de conhecê-lo.

Caio Zip estava nas nuvens. A garota macedônia pegou os ingredientes, misturou-os numa pira de barro e, em seguida, aplicou nas feridas. Ela sorriu ao perceber que o rapaz sentia a ardência, mas, mesmo assim, não dava o braço a torcer.

– Você é boa mesmo em matemática! – elogiou Caio. – Você pegou rápido o jeito com equações.

– Bom, eu acho que consigo quando algo tem uma estrutura de Lógica.

– Eu nunca estudei isso.

– É a minha matéria favorita. Eu posso ensiná-lo, se você quiser.

Caio reparava novamente nos olhos da bela jovem, e chegaria a fazer qualquer sacrifício para permanecer na companhia dela, inclusive estudar uma matéria pela qual ele não morresse de amores.

– Ah, manda ver! – brincou Caio, deixando Daphne intrigada. – O que você pode me ensinar sobre Lógica?

– O que eu sei, fiquei sabendo por Calístenes, que me disse que aprendeu com o mestre da lógica, Aristóteles.

– Ah, de novo Aristóteles.

– Já ouviu falar?

– Muito pouco – revelou Caio, balançando a cabeça com um ar confuso. – Mas espere um pouco, eu pensei que ele fosse só um filósofo.

– Os estudos sobre o raciocínio foram inicialmente desenvolvidos por filósofos como Parmênides e Platão, mas é Aristóteles quem o está elaborando mais detalhadamente para mostrar que os sofistas, que são os mestres da retórica e da oratória, podem enganar os cidadãos.

– Ah, sei... E como é que eles fazem isso?

– Aristóteles vive estudando a estrutura da argumentação, revelando, assim, que alguns argumentos que os sofistas usam podem ser convincentes, embora não sejam corretos.

– Ele deve ser bem impopular com esses sofistas.

– Deve ser – riu Daphne. – Mas não tem jeito. Aristóteles acha que a Lógica é um instrumento para se atingir o conhecimento, baseando-se no que ele chama de "Silogismo".

– O que é isso?

– Calístenes me explicou que Silogismo é um raciocínio formalmente estruturado formado por duas premissas e uma conclusão.

– E o que é premissa?

– É uma proposição básica, categórica. Logo, temos que aprender primeiro o que é uma proposição.

– Tô achando um pouco abstrato. Não sei aonde você quer chegar.

– Eu também achei abstrato, mas você já vai ver – Daphne começou a gesticular como se estivesse a escrever no ar. – Pelo que entendi, uma proposição é um tipo especial de sentença, que é uma combinação de nomes ou palavras. Há sentenças que não propõem nada, elas são simplesmente neutras, como por exemplo: tenha um bom dia. Mas há outras que fazem afirmações, que só podem ser verdadeiras ou falsas.

– Isso tá parecendo um jogo.

– E por que não? A gente pode fazer desse jeito: Eu lanço as seguintes proposições que são básicas, então vamos chamá-las de premissas:

- Todo homem é mortal.
- Caio é homem.

– Ah, isso é certo. Agora, eu tenho uma proposição que é mais verdadeira: Daphne é bela.

– Deixe de brincar – disse ela, dando um pequeno empurrão no galanteador. – Vamos ver se você é esperto. O que você pode concluir, ou melhor, deduzir com essas duas premissas?

– Se todo homem é mortal, e eu sou homem, o que é óbvio, então... Deixe-me pensar... Homem, mortal... Caio, homem... Falta associar Caio com mortal. Então, se todo homem é mortal e Caio é homem, logo, é lógico que "Caio é mortal".

– É isso mesmo, como você disse: é lógico que... Lógica é isso. Já vi que você é bom de dedução.

– É, mas, às vezes, eu esqueço que sou mortal e entro em cada encrenca...

– Ora, seu brincalhão, você listou os termos que são os componentes básicos da proposição. Agora, você notou que um termo participou das duas premissas?

– Sim, o termo "homem".

– Pois esse termo compartilhado pelas duas premissas Aristóteles chama de "termo médio", e os outros dois termos ele chama de "extremos". Agora o termo médio pode ser sujeito ou predicado de cada premissa.

– No nosso caso, na primeira premissa, ele foi sujeito; na segunda, ele foi predicado.

– Logo, Aristóteles diz que há três formas, que ele chama de figuras, de o termo médio ocorrer, como você notou, sendo sujeito em uma premissa e predicado na outra, mas também sendo predicado nas duas premissas, ou sendo sujeito nas duas premissas.

– Pegando o jeito, até que gostei desse jogo. Mas o que lógica tem a ver com filósofos?

– E como não? – Daphne parecia um pouco irritada. – A argumentação lógica é a ferramenta básica dos filósofos. Eles necessitam dos conceitos e da correta ligação das premissas e conclusões. Mas, antes das premissas, é preciso entender a dupla condição de "indução e dedução" inerente à lógica. Segundo Aristóteles, o homem primeiro induz, depois deduz. A indução é o raciocínio que, após considerar um número suficiente de casos particulares, conclui uma verdade geral, por exemplo, todo homem é mortal. Então, indução é algo que vem da observação direta, parte do particular para o universal, os princípios gerais. Depois ele pode, a partir desses princípios gerais, fazer deduções. O silogismo é dedutivo, se forem verdadeiras as premissas, a conclusão, logicamente, também será.

– Parece mais que os filósofos gostam de jogar como se fossem detetives.

– Quem são esses detetives?

– Nada, não. De onde vim, é assim que se chama alguém que investiga.

5. O Jantar Regado a Batalhas

Eu não furto a vitória! O que vocês propõem é próprio dos ladrões noturnos, cujo escopo é enganar as vítimas que assaltam. Eu quero combater Dario à luz do dia. À noite não me serve; o sol há de ser testemunha da minha vitória, ou de minha derrota, que deve ser perfeita e completa. Preparem-se todos para combater amanhã.

Alexandre, o Grande.

Enquanto os dois estavam conversando, Calístenes entrou na tenda. Quando viu a bela jovem, ficou chateado ao vê-la acompanhada com o estranho recém-chegado.

– Vocês viram Alexandre? – interrompeu Calístenes.

– A última vez que eu o vi – respondeu Daphne – ele estava com os prisioneiros discursando para ver quais homens estariam interessados em aderir ao seu exército.

– Sei! E como sempre a maioria será convencida, pois, se não aceitarem, serão mortos ou levados para outras cidades como escravos.

– Você deveria parar de questionar as decisões de Alexandre, Calístenes. Um dia desses, o rei não vai mais ser tão tolerante com você.

– Meu tio tem razão! Alexandre não aceita sugestões. Sempre suas decisões são irrevogáveis. Ele não aprendeu nada com o mestre.

– Como você diz que ele não aprendeu nada? Alexandre está explorando lugares onde nenhum grego jamais pisou.

– Alexandre, hoje em dia, só quer saber de conquistar.

– Ah, é! E o que você diz sobre isso aqui? – a geniosa apontou para as plantas e os animais embalsamados. – Alexandre está sempre enviando material de estudo para o seu tio analisar e investigar. Graças a ele, Aristóteles tem feito novas descobertas.

Calístenes, aborrecido, dirigiu-se à porta da tenda, mas, ao tentar sair, deparou-se com Alexandre acompanhado por um grupo de homens. Uma leve tensão pairou no ar.

Os criados tinham retornado para preparar o banho do soberano. E mais um grupo de mulheres encarregava-se de trazer comida e bebida. Com olhar disperso, Alexandre permitiu que Calístenes ficasse para a reunião. O mesmo fez o soberano com Caio e Daphne.

Alexandre foi rapidamente para perto da banheira, despiu-se e foi para dentro da água. O peito de Alexandre era um registro vivo das batalhas. Cicatrizes riscavam em sulcos profundos. Eram evidentes sinais de todos os tipos de armas pontiagudas a mostrar o quanto aquele soberano suportara para avançar até os confins do mundo.

– Este ferimento ainda não cicatrizou nada bem – encarava um senhor de barba grisalha que estava já sentado em uma das almofadas do recinto ao lado de Daphne. Caio, que estava acomodado perto da nova amiga, virou-se e reparou na ferida horrenda no lado esquerdo do pescoço de Alexandre.

– Ah, Felipe, deixe de ser médico, pelo menos por ora – retrucou Alexandre, servindo-se de uma bebida, enquanto uma mulher massageava as costas e os braços do soberano.

– Você não se cuida! Se tivesse seguido o meu tratamento, você já estaria bem melhor.

– É só mais uma cicatriz.

– Você é um dos piores pacientes que eu já tive. É meu dever mantê-lo vivo e bem, mas eu imagino que nem o próprio deus Asclépio aguentaria manter os votos da medicina se tivesse que cuidar de você.

– Isso foi lembrança de alguma batalha? – perguntou Caio.

– Já faz três anos – explicou Ptolomeu, que se acomodava numa das almofadas. – Alexandre foi gravemente atingido na garganta e no olho durante uma luta acirrada perto do rio Sir Dária. Ficamos muito preocupados ao ver que ele não conseguia dar as ordens e estava quase sem enxergar.

– Do outro lado do rio estavam lá os terríveis inimigos – relembrava um dos homens, trajando uma armadura com detalhes em dourado, próximo a Ptolomeu. – Alexandre estava com a perna machucada. Não podia montar e nos guiar. Tudo indicava que estaríamos mortos ao amanhecer.

– De fato, Coinos. Foi uma das provas mais difíceis que os deuses me colocaram – ponderou Alexandre. – Mas, apesar de os deuses terem me tirado todo o poder de comando, eu não desisti. Eu, sendo Alexandre, filho de Zeus, tinha que agir.

– O que você fez? – empolgou-se Caio.

– Foi uma batalha fantástica. Atravessamos o rio e derrotamos todos! Foi minha grande vitória – brindou Alexandre, erguendo a taça. – Eu provei aos deuses quem sou eu!

– Ainda que tenha piorado da disenteria e tenha sido trazido de volta, carregado – recordava Felipe. – Foi uma dádiva trazê-lo do mundo dos mortos.

– Mas o pior sempre está ainda por vir – lamentava Ptolomeu.

– Como assim pior? – indagou Caio.

– Vários de nossos inimigos refugiaram-se numa fortaleza rochosa a oito mil pés acima do vale do Indo. Era uma fortaleza considerada inexpugnável.

– Onde ficava essa tal fortaleza?

– Na montanha Pir-Sar – cortou Alexandre. – Nós a chamamos de Aornos, que significa "sem pássaros", pois de tão alta o voo das aves não podia atingi-la. Para acessar essa fortaleza sem alertar o inimigo, fomos obrigados a ir por uma trilha íngreme e estreita, coberta por pedregulhos que cortavam os pés.

– Aquele foi o lugar mais perigoso que já vi – ressaltou Coinos. – Qualquer descuido e se despencava em despenhadeiros dos dois lados da trilha. Até Hércules teria falhado.

– E valia todo esse sacrifício? – questionou Caio.

– Meu irmão, conhece uma forma melhor para mostrar de uma vez e sem mais nenhuma dúvida aos nossos inimigos que deveriam se render? Afinal, quem estava diante de todos era alguém que supera até os deuses.

– Alexandre mostrou que não havia nenhum lugar do mundo para onde escapar e que qualquer resistência seria em vão – ponderou Ptolomeu. – Mas como foi difícil!

– Por que diz isso?

– Ah, jovem Caio – riu Ptolomeu –, ao chegarmos ao topo descobrimos uma profunda ravina. Quando achamos que era o fim do caminho, Alexandre mandou construir uma ponte.

– Era um vão de quase 500 metros que tínhamos que ultrapassar – recordou outro homem em pé, atrás de Caio.

– Sim, Diades – concordou Alexandre –, e graças a você e aos outros engenheiros, eu consegui.

– Como é que vocês fizeram isso? – admirou-se Caio, tomando um gole de água.

– Fizemos uma ponte que nos levou sete dias e sete noites com soldados trabalhando em turnos – prosseguiu o engenheiro. – Cada soldado teve de cortar cem estacas. Tínhamos de colocá-las com uma imensa quantidade de terra como base para atingir uma altura de trinta metros.

– Isso até me lembra daquelas pontes das ferrovias dos filmes do Velho Oeste – murmurou Caio, sem que ninguém percebesse, a não ser Daphne, que apenas demonstrou uma expressão de estranheza.

– Foi incrível ver a passagem das nossas catapultas – contou Ptolomeu, recusando a bebida oferecida pelo criado. – Depois daquela demonstração de determinação, o destino dos inimigos estava selado.

– O que houve? Eles se renderam, não foi? – preocupou-se Caio ao ver o rosto do oficial como se estivesse a se lamentar.

– Os indianos tentaram se render, mas Alexandre os massacrou, e muitos, desesperados, atiraram-se dos rochedos.

– Sabe muito bem que não podia ser diferente – aborreceu-se o soberano com a narrativa. – Era o destino deles. Essa foi uma grande batalha que durou quatro longos dias... E, no final, eu ergui um altar para Niké, para celebrar a minha grande vitória.

– Não acho que nossa deusa tenha gostado desse altar – provocou Calístenes.

Os olhos de Alexandre estavam carregados de ódio.

– Sempre mostro aos deuses minha gratidão – exaltou-se o soberano, jogando a taça no chão. – Eu sempre faço o que um ser humano é incapaz de realizar. Quero ir além dos limites. Para mim, não haverá fronteiras de nenhum lugar ou tempo. Jamais serei esquecido. Eu sempre faço o que quero.

– Como sempre – comentou Calístenes, sorrindo de forma irônica.

– Sim, exatamente como sempre – rebateu Alexandre.

– Alguém já tem o relatório sobre a batalha? – interrompeu Ptolomeu aquela discussão.

– Ainda estão fazendo as contagens dos prisioneiros – respondeu um oficial de pele e olhos claros, vestindo uma couraça, ao lado do médico.

– Então, Heféstion, quem está encarregado da inspeção desta vez? – prosseguiu Alexandre, tomando um farto gole de uma nova taça.

– Estamos tendo mais trabalho desta vez. Lisipo está verificando as provisões e os armamentos da infantaria pesada. Seleuco encarregou-se de avaliar os despojos recolhidos.

– Dois subordinados meus estão vendo as perdas na unidade de infantaria ligeira e da cavalaria – completou Coinos. – Ainda temos os engenheiros que estão avaliando os danos nas máquinas de guerra.

Os ruídos vindos de fora da tenda expunham a tensão que persistia depois de um dia de combate. Alexandre saiu da banheira e foi auxiliado pelos criados que tratavam de vesti-lo com uma túnica curta. Depois de colocada a couraça, Alexandre virou-se para Ptolomeu e prosseguiu com as ordens.

– Enquanto não chegam os relatórios, quero que coloque um destacamento de infantaria próximo ao rio, com revezamento durante a noite.

– Já tomei as providências – anunciou Ptolomeu. –Coloquei os homens que não participaram da batalha de hoje.

– E que batalha! – disse Caio, servindo-se de uma iguaria oferecida pelo criado. – Foi demais!

– Foi sua primeira batalha? – interrogou Alexandre.

– Deste tempo que estou vivendo agora, foi sim!

– Entendo o que diz – sorriu o rei. – Quando eu tinha dezesseis anos, meu pai partiu para a guerra contra a cidade de Bizâncio e eu fiquei no cargo de regente. Durante a ausência dele, uma tribo trácia aproveitou para iniciar uma revolta. Ah! Acreditaram que, por ser tão jovem, eu seria uma presa fácil. Eu mostrei àqueles imbecis com quem estavam lidando! Eu os enfrentei. Eu os esmaguei! Expulsei-os de seu território. Fundei minha primeira colônia na Grécia e a chamei de Alexandroupolis. Aquela foi minha primeira batalha e talvez a pior, mas, pensando bem, vejo nos dias de hoje que a batalha mais difícil foi, sem dúvida, a Batalha de Grânico.

– O que tem de especial nessa batalha?

– O que tem? Ah, meu irmão, foi a primeira vez que enfrentei o império persa.

– De que tamanho é esse império? – interessou-se Caio.

– Os persas eram os senhores da terra e donos do maior exército que o mundo já vira.

– Uau! E você enfrentou os persas?

– A Macedônia e a Pérsia já estavam se desentendendo há tempos – esclareceu Ptolomeu. – Foi Filipe II quem começou com a ideia de invadir a Pérsia.

– Quem foi Filipe?

– Ele era meu pai – respondeu Alexandre.

– Ele foi um grande líder – ressaltou Ptolomeu. – Filipe tinha toda a Grécia sob seu comando. – Ptolomeu respirou fundo para reviver toda aquela história. – Filipe tinha investido tanto nas grandes máquinas de guerra... Deu-nos uma nova formação de falange. Depois de tanto esforço, fico a me entristecer por ele não ter tido a chance de ver seu plano em ação.

– Por que não?

– Ele foi assassinado.

– Foi numa emboscada?

– O nosso rei foi assassinado durante a festa de casamento de Cleópatra.

– Cleópatra, a rainha do Egito?

– Egito? – estranhou Alexandre, servindo-se de mais bebida. – Minha irmã casou-se com o irmão de minha mãe, Alexandre, o rei de Épiro.

– Ops! Falha minha – lamentou Caio. – Mas o que houve depois? Pegaram o assassino?

– O assassino, Pausânias, foi morto quando tentou escapar – interrompeu Calístenes. – Mas nunca ficamos sabendo se ele agiu sozinho ou se foi a mando de uma conspiração. – Calístenes mirava maliciosamente para Alexandre.

– Eu daria tudo para que meu pai estivesse vivo – rechaçou o soberano. – Foram os miseráveis persas que conspiraram! Mas agora, como filho legítimo, eu sou o único que poderá completar a missão que meu pai iniciou!

– E sua primeira medida foi eliminar possíveis pretendentes ao trono.

– Meu povo já me considerava um herói. O trono já era meu de direito.

– Vai negar que sua mãe chegou ao ponto de mandar matar a última esposa de Filipe e mais o filho pequeno que eles tiveram?

– Não consenti nessas mortes.

– Mas também não impediu.

– Calístenes, você está querendo ser eliminado? Continue a falar. Vamos, fale! Fale, e eu esquecerei que você só está vivo ainda porque quero manter Aristóteles do meu lado!

Depois de toda aquela fúria, Calístenes se calou. O soberano olhava absorto para a taça como se estivesse a mergulhar naquela bebida de cor tão rubra, a evocar suas lembranças. Só foi preciso um breve silêncio para que Alexandre retornasse à conversa como se nada tivesse acontecido.

– Tanto para fazer em tão pouco tempo... Tantas rebeliões contra mim. Mas eu mostrei que eu não descansaria até conquistar a todos.

– E aí lutou contra os persas – animou-se Caio.

– Dois grandes reinos não podem coexistir – ponderou Ptolomeu. – Com o nosso poderio macedônio crescendo, o conflito com os persas era mais do que esperado.

– Mas depois de Grânico, ficou tudo resolvido com a vitória de vocês.

– De forma alguma – corrigiu Alexandre.

– O que aconteceu?

– O que mais poderia acontecer? A notícia da derrota chegou rápido aos ouvidos do imperador persa, Dario III. Ele logo decidiu reunir as tropas e formou um poderoso exército para barrar, definitivamente, as minhas conquistas.

– E onde foi essa batalha?

– As duas forças se encontraram em Issus – explicou Alexandre. – Foi uma grande luta. A minha cavalaria conseguiu furar o bloqueio persa e abriu o caminho. Fiquei diante do próprio Dario! Ele não aguentou ver a derrota iminente... O covarde fugiu!

– Que incrível. E daí, você foi atrás do rei?

– Ele e sua guarda foram perseguidos pela minha cavalaria grega, mas conseguiram escapar. No entanto, abatemos 15 mil homens do exército persa. Com tanta pressa, ele deixou para trás a mãe, a esposa e duas belas filhas – os olhos de Alexandre miravam o vinho que já estava no fim. Antes que o soberano fizesse qualquer sinal, um criado encheu a taça.

– Eu gostei mais foi de ele ter deixado aquela quantidade fabulosa do tesouro real – recordou Ptolomeu. – Nunca vi tanto ouro e prata. Foram necessários sete mil animais de carga para levá-lo.

– Um tesouro digno dos deuses – manifestou-se Heféstion, erguendo a taça. – Foi a primeira vez que nós, macedônios, tivemos o gosto do ouro e da prata, das delícias, das mulheres e da maneira de viver dos persas.

– Que loucura! – surpreendeu-se Caio. – E Dario não fez nada pra resgatar a família?

– Levou um tempo – prosseguiu Ptolomeu, parecendo preocupado ao observar Alexandre tomando a bebida sem parar. – Dario ofereceu um resgate de 10.000 talentos por sua família, um tratado de paz e a concessão das terras que Alexandre já havia conquistado.

– Chama aquilo de tratado? – zangou-se o soberano. – Ainda que meus valorosos generais e conselheiros me aconselhassem a aceitar a proposta absurda, é claro que não aceitei nada! Tudo já me pertencia.

– E depois dessa fuga de Dario, como ficaram as coisas? – prosseguiu Caio com sua curiosidade.

– Dario ainda tinha forças. Para acabar com o seu poder, eu precisava controlar a costa oriental do mar Mediterrâneo para impedir retaliações da frota naval persa. Como muitas cidades da região estavam insatisfeitas sob o domínio da Pérsia, elas abriram seus portões para mim.

– Todas?

– Infelizmente, não. A cidade de Tiro não se abriu porque souberam que a cidade de Sidon, dos inimigos mortais dos tirianos, tornou-se nossa aliada.

– Ah, então tudo bem – calculou Caio. – Vocês perderam só uma cidade.

– Não, você não entende. Eu tinha que conquistar Tiro – reagiu Alexandre, agitando a taça no ar. – Aquele local era um importante ponto estratégico.

– Então era fácil. Vocês só tinham que invadir.

– Você está bem enganado. Tiro fica em uma ilha bem longe da costa, defendida por catapultas em toda a volta das muralhas. Não tinha como invadir a cidade, então eu a sitiei por sete meses. Como vi que teimavam em não se render, ordenei aos engenheiros que construíssem um dique que partia do continente e gradualmente crescia em direção à ilha.

– Que trabalho!

– Nem pode imaginar – vangloriava-se o soberano. – A princípio, o trabalho prosseguiu rapidamente, pois a água próxima ao continente era rasa, as estacas firmavam com facilidade no fundo. Aos poucos avançávamos, mas logo depois a profundidade aumentou bem. Quando chegamos suficientemente perto das muralhas, usei as máquinas de guerra para atingir e abrir brechas nas fortificações. Eu também mandei construir duas torres de cerco no final do dique para que pudessem atingir as catapultas e seus operadores nas altas muralhas de Tiro.

– Foram as maiores jamais construídas – ressaltou o orgulhoso engenheiro.

– Infelizmente seu feito não foi suficiente, Diades – comentou Ptolomeu. – Os tirianos também eram espertos.

– Nem precisa me lembrar. Não demorou, e eles lançaram aquele barco do inferno até o final do dique cheio de enxofre e piche. Enquanto as minhas torres queimavam, os desgraçados dos soldados tirianos tiveram ainda a audácia de destruir as paliçadas que levantamos para ajudar na proteção dos trabalhadores. Logo em seguida, o mar aberto fez submergir grande parte do dique.

– Que droga! – lastimou Caio. – Então o que vocês fizeram?

– Fiz o que deveria – respondeu Alexandre. – Como eles fizeram todas aquelas desgraças, eu não vi outro jeito a não ser lutar pelo mar. Mais de duzentas trirremes vindas de Sidon, Chipre e Rodes convergiram para a fortaleza e as forças ficaram ao meu favor.

– Mas não pense que acabou, jovem Caio – antecipou Ptolomeu.

– Como não? Os tirianos resistiram?

– E como! Alexandre teve de ordenar que os engenheiros começassem a construção de um novo dique. As novas torres de cerco protegeram a obra e, dessa vez, colocamos barcos para defender. Alexandre também usou navios amarrados uns aos outros para prover plataformas estáveis aos aríetes que seriam usados para abrir uma boa brecha na muralha.

– E os tirianos revidaram.

– Sim, isso mesmo. Os mergulhadores tirianos conseguiram cortar os cabos das âncoras dos navios, fazendo com que vários encalhassem. O que você faria numa situação dessas, jovem Caio?

– Sei lá. Reforçar os cabos?

– Está começando a entender como penso – sorriu Alexandre. – Eu mandei que usassem correntes na ancoragem, e o ataque com as máquinas de guerra derrubou de vez as defesas dos tirianos.

– E daí vocês capturaram a cidade e os tirianos foram feitos prisioneiros – lançou Caio, animado, até perceber um silêncio cobrindo a todos como se fosse uma mortalha. – O que houve? Não foi assim que acabou?

Alexandre segurava a taça com as duas mãos como se estivesse a estrangular alguém. – Malditos tirianos! Eu perdi mais de 400 dos meus soldados!

– O que você fez? – perguntou Caio. Alexandre manteve-se calado.

– Alexandre mandou matar – disse Calístenes num tom de desaprovação. – Foram crucificados dois mil tirianos.

– E o que você acha que eu deveria ter feito? Você lembra o que eles fizeram com nossos companheiros? – revidou o soberano, desarmando as provocações de Calístenes. – Foi pouco o que fiz àqueles animais que degolaram os meus mensageiros com minhas ofertas de rendição! – Alexandre tinha os olhos cabisbaixos diante das tristes lembranças. – Eu ainda vejo os rostos dos tirianos rindo, enquanto deixavam meus soldados expostos sobre as muralhas. E ainda executaram e lançaram os corpos ao mar. Diga-me, Calístenes, quem foram os monstros nessa história?

– Isso é o que tem de pior na guerra – intercedeu Ptolomeu.

– Depois dessa batalha, não tiveram mais nenhum problema?

– Ora, Caio, problemas são como as florestas desta região, nunca parecem ter um fim – brincou o oficial, reparando no médico que tinha deixado de conversar com a filha para ouvir Ptolomeu. – A maioria das cidades na rota para o Egito se rendeu rapidamente, com a exceção de Gaza. Depois de três tentativas fracassadas, a fortaleza foi finalmente tomada.

– Mais uma vez Alexandre foi ferido gravemente no ombro e tive de cuidar dele – relatou Felipe, que reparava em Alexandre recusando um prato de comida.

– E mais uma vez o salvou – saudou Ptolomeu, erguendo as mãos.

– Por você e os deuses – completou Alexandre, parecendo já estar sofrendo muito com os efeitos do álcool. – Vocês me deixaram em forma para liderar meu exército e minha marinha para chegar ao Baixo Egito.

Alexandre foi para o centro atraindo a atenção de todos com a sua próxima fala.

– Diferente dos persas, que governaram por tanto tempo a castigar os egípcios, eu respeitei a todos, inclusive a seus antigos cultos aos deuses egípcios. Eu reverenciei o touro sagrado Ápis, e depois fiz questão de visitar o oráculo do deus egípcio Amon no oásis de Siwa. O nosso historiador aqui presente registrou toda a nossa peregrinação, não foi, Calístenes? – o rapaz tentava a todo custo ignorar aquela afronta. Alexandre queria ir até o fim e insistiu. – Nosso estudioso testemunhou quando chegamos ao templo, depois de uma árdua jornada. Ele viu que, depois de uma consulta ao oráculo, fui declarado como filho de Amon e, pouco depois, recebi a notícia de que os oráculos das cidades gregas de Eritras e Dídima me confirmaram como filho de Zeus.

Alexandre voltou-se para todos e, num tom solene, levantou a taça.

– Eu sou o grande guerreiro macedônio que libertou o Egito. Fui reverenciado como os faraós divinos das antigas dinastias e saí do Egito como um deus.

– Mas todo esse tempo, desde o cerco de Tiro, quase nos fez perder tudo – recordou Ptolomeu, enquanto Alexandre, com calma, sentava-se numa das poucas cadeiras na tenda. – O que nos salvou foi a demora de Dario em nos enfrentar novamente.

– Vocês enfrentaram Dario de novo? – Caio estava muito impressionado.

– O que estava em jogo era todo um império. Alexandre voltou a enfrentar as tropas do poderoso Dario III na Batalha de Gaugamela.

– E como foi?

– Foi a maior batalha já vista – o oficial expressava-se com um forte orgulho refletido no olhar. – Dario conseguiu arregimentar cerca de 200.000 homens de infantaria e 40.000 na cavalaria.

– E vocês?

– Eu contava com 40.000 homens de infantaria e 7.000 na cavalaria – relatou Alexandre.

– Caramba! E o que vocês fizeram com tamanha desvantagem?

– O que vale mais é a liderança e a estratégia, Caio – destacou Alexandre, mais controlado. – Eu mantive constantemente as alas esquerda e direita do exército persa ocupadas, o que fez com que as tropas do centro fossem arrastadas para a luta até que se abriu uma brecha na linha de defesa do rei. Minha estratégia é sempre procurar por essas brechas e, então, aproveito para avançar com minha cavalaria. Fui com toda a ira em direção a Dario.

– E Dario foi capturado?

– Dario bateu em retirada seguido pela ala direita.

– Mas não é possível, outra vez! – surpreendeu-se Caio.

– Ah, você agora entende o que eu senti. Mas acalme-se que, dessa vez, dei um fim a essa história. O grande exército persa foi esmagado. Dario fugiu e passou muito tempo até que soubemos que ele ainda tinha esperanças de se reerguer. Eu marchei em busca de Dario por muitos dias, mas ele acabou sendo assassinado por uma conspiração dos sátrapas, guiados pelo general persa chamado Besso.

– Um miserável traidor – reagiu Ptolomeu.

– Eu lamentei Dario ter morrido nas mãos de traidores – confessou Alexandre num tom seco. – Por essa razão, eu fiz questão de dar-lhe um funeral com todas as honrarias. Não se pode esquecer que ele fez tudo o que pôde para salvar seu reino. Mas, depois da morte de Dario, eu deduzi que precisava do apoio dos aristocratas persas e já tinha decidido que a única maneira de obtê-lo era me tornar o rei sem nenhuma dúvida a pairar, o que significava, entre outras coisas, vingar a morte de Dario. O meu desejo de caçar Besso nos trouxe até essas terras desconhecidas. Afinal, Besso, que me ameaçava com a pretensão de ser o sucessor de Dario, ainda escapava de mim.

– Vocês ainda não capturaram Besso? – indagou Caio, chateado.

– Traidores sempre são traídos – definiu Ptolomeu. – Um dos aliados de Besso conspirou com outros homens e, juntos, enviaram um mensageiro a Alexandre dizendo que lhe entregariam o traidor. Alexandre enviou-me para pegá-lo. Besso foi abandonado por seus companheiros e, depois, desfilou nu com a cabeça numa canga diante do exército até a presença de Alexandre. Foi açoitado publicamente e teve seu nariz e orelhas cortados, como é o costume persa. Mais adiante, foi acusado do assassinato do Grande Rei e de revolta contra o novo Grande Rei dos persas, claro, o nosso Alexandre. E, por fim, os persas julgaram-no conforme o costume, e Oxiartes, irmão de Dario, crucificou-o no mesmo lugar onde o irmão foi morto e não deixou que as aves o devorassem, o que era um terrível castigo aos olhos da religião persa. Assim morreu o miserável.

– E agora que estou aqui, tenho outra grande missão – revelou Alexandre, agora de pé, contemplando o mapa em cima da mesa. – Ah, mundo! Eu só conhecia a Índia pelas obras de sábios gregos que Aristóteles me mostrava. Sempre se acreditou que, depois da Índia, viria o grande Oceano que nos circunda. Neste ponto poderíamos ver os confins do mundo. Como estávamos enganados. Agora vou mostrar a eles a vastidão deste novo mundo, e então não serei apenas o Senhor da Ásia, mas o Senhor do Mundo. Nada me impedirá.

6 - O Prisioneiro Indiano

O verdadeiro sábio procura a ausência de dor, e não o prazer.
Aristóteles.

O jantar estava animado e Alexandre conversava com um oficial.

– As cartas para minha mãe e para Aristóteles foram enviadas, Ptolomeu?

– Sim, já foram. Apesar do mau tempo, o correio partiu ontem de manhã.

– Nenhum contato com a caravana de Roxana?

– Ainda não.

– É muito estranho... Já deviam ter chegado há tempo.

– Nas condições em que ela se encontra, não é recomendável que esteja neste lugar – interrompeu o médico ao se aproximar dos dois.

– Eu concordo com Felipe, Alexandre – apoiou Ptolomeu. – Ela deveria estar na Babilônia para receber mais cuidados. No estado dela, você... – a conversa foi interrompida com a chegada de um grupo de soldados na tenda.

Mais recuado estava um prisioneiro indiano muito magro com pele morena e olhos claros, parecendo transparentes de tão claros. Vestia uma calça curta, um turbante branco e estava descalço. Alexandre caminhou até o prisioneiro, mas parou quando reparou melhor nos trajes de Caio, que tinha acabado de se levantar.

– Por Hefesto! Você é fogo! – espantou-se o soberano, referindo-se ao deus do fogo. – O que está vestindo agora? Precisa urgentemente da ajuda dos criados, meu irmão.

– Deixe o garoto vestir-se do jeito que ele quiser! – interveio Calístenes. – Pelo menos, ele está assumindo que não é grego. Não é como outros que se dizem irmãos dos gregos, mas vestem e assimilam as tradições dos povos inimigos.

– Você está passando dos limites, rapaz! – ameaçou Heféstion. – Será que ainda não percebeu que Alexandre conquistou a Pérsia desse modo? Alexandre sempre está a aprender sobre a história e a tradição dos persas e de outros povos sob seu domínio para sua aceitação como o novo Rei dos Reis do Império.

– Precisava obrigar os seus homens a desposarem as persas também? Usar calças? Casar seguindo os rituais deles?

– Eu não os obriguei a se casarem! Eu só os incentivei! – rebateu Alexandre. – E quanto aos meus trajes, eu apenas coloquei a vestimenta persa e mais o véu para mostrar respeito aos novos aliados, mas não se esqueça de que estava usando o meu quitão de guerreiro por baixo...

– E o que vale isso? Você desrespeitou os seus companheiros.

– E quer saber, para mim já chega! – enfureceu-se Alexandre, indo para cima do historiador, sendo detido pelo oficial. – Saia da frente, Ptolomeu! Esse aprendiz precisa de uma lição.

– Um homem poderoso só consegue conquistar uma nação se antes conquistar os corações dos homens.

Todos se viraram para o prisioneiro indiano que havia dito aquelas palavras.

– Quem é você? – indagou Calístenes. – Algum sacerdote?

– Meu nome é Syrrhaptes Gandhi. Sou apenas um rapaz à procura da verdade e, para isso, ando por caminhos de puro sofrimento.

– Você não é um prisioneiro? – intrigou-se Daphne. – Mas eu o vi! Você estava sendo barbaramente chicoteado por não obedecer aos guardas. Não está machucado?

– Um homem só é realmente um prisioneiro quando deixa de pensar por si próprio. O que importa é que meu espírito não sofreu, pois só a ignorância faz o homem sofrer. Enquanto minha mente estiver à procura do conhecimento, eu serei um ser livre!

– Eu o trouxe aqui para participar da minha mesa – esclareceu Alexandre. – Quando o vi sendo tão castigado e não soltando nenhum som, fiquei bastante impressionado e o interroguei. Ele é o filho de um homem sábio descendente direto de Zaratustra, o profeta da religião persa, fundador do zoroastrismo, que recebia revelações do deus Ahura Mazda (Senhor do Conhecimento). Infelizmente, seu pai, um grande sábio, morreu durante a tomada da cidade. Achei que o rapaz poderia ser muito útil nos ensinando sobre este mundo novo. Estava pensando em depois enviá-lo à Macedônia para conhecer Aristóteles. Afinal – Alexandre virou-se para Calístenes de forma desafiadora –, nosso mestre é um filósofo, o maior investigador, um amante da verdade, do conhecimento, não é? Sempre o tive em consideração. É claro que, às vezes, as deusas Erínias tentam dominar-me e cobrem a minha mente com os seus véus da loucura, mas de que outro jeito eu lideraria meus homens e os traria para a glória?

Alexandre silenciou, dando chance para que Gandhi narrasse sua história.

– Meu pai era um homem que, por viver entre os indianos, aprendeu os poderes excepcionais que conseguimos ao longo do exercício da meditação, podendo suportar qualquer dor física. Ele me ensinou que as almas daqueles que não agem com equilíbrio passam, quando morrem, de um corpo para outro até serem purificadas. Somente depois de passarem pela dor e sofrimento, terão a paz eterna que chamamos de nirvana. Ele dizia que, estudando, se alcançava mais rápido esse equilíbrio. A vida, dizia meu pai, é como uma equação feita de infinitas incógnitas, é preciso desvendá-las para se obter a verdade.

– Essas ideias sobre reencarnação – comentou Calístenes –, lembram os pensamentos dos sábios antecessores ao tio Aristóteles: Pitágoras, Sócrates e Platão. Quem sabe eles foram, de alguma forma, influenciados pelos indianos.

Nesse momento, a discussão foi interrompida por Pérdicas, que entrou nos aposentos apressado à procura do rei.

– Salve, Alexandre! Trago o relatório sobre os últimos acontecimentos. As máquinas de guerra, como os aríetes, conseguiram fazer brechas nos paredões ao leste, e o exército finalmente avançou. As catapultas conseguiram desorganizá-los e, desta vez, capturamos cento e trinta daquelas feras gigantes. O rei inimigo, depois de perder a batalha, submeteu-se ao nosso lado e, como despojos de guerra, recebemos duzentos e cinquenta mil bois e touros que já estão sendo enviados para as suas cidades: Alexandria, Alexandria da Ária, Alexandria da Aracósia... A outra notícia é triste: estamos também providenciando uma cerimônia funerária para os nossos valorosos guardiões que morreram congelados no desfiladeiro mais alto do Cáucaso indiano.

– Infelizmente, Alexandre – interrompeu Ptolomeu –, apesar dos seus esforços para salvá-los, incluindo a sua ordem de levarem seu trono de madeira para aquecê-los, eles não resistiram. Serão lembrados como verdadeiros exemplos de bravura.

– Alexandre! – gritou muito aflito um oficial, ao entrar na tenda empurrando dois guardas que vigiavam a porta. – A caravana da princesa bactriana, Roxana, escoltada por Crátero, foi atacada, quando tentava nos alcançar!

– Roxana, minha amada esposa! – enfureceu-se o soberano.

– Esposa? – murmurou Caio, olhando com indagação para Daphne, que fez sinal com o dedo para que o jovem ficasse quieto.

– O que aconteceu com ela, Leonato? – prosseguiu Alexandre, agitado diante do oficial.

– Os guardas foram mortos e ela, juntamente com seus acompanhantes e o general, foi levada para uma cidade bem fortificada perto do rio Hidaspes, o primeiro dos afluentes do Indo.

– O rei Poros tem algo a ver com isso?

– Acreditamos que sim. Foi enviado um mensageiro exigindo, como resgate, a sua promessa de que, até o fim desta noite, irá recuar, deixando definitivamente suas terras, se não...

– Se não o quê? – irritou-se Alexandre.

– Eles irão executá-los amanhã ao alvorecer.

– Leve um destacamento – ordenou o soberano.

– Não podemos! – contrariou Ptolomeu.

– Como não podemos?

– Senhor, eu posso explicar! – continuou Leonato, guiando o rei e os oficiais até o mapa em cima da mesa. – A área é cercada por um rio com leves correntezas. Como o senhor pode ver, o rio possui uma largura de quarenta braçadas e uma profundidade de dois homens. Nossos melhores mergulhadores não conseguiriam atravessá-lo sem serem vistos. Ao retornarem à tona seriam flechados e dariam o alarme.

– E se fossem camuflados cobertos por um tronco, por exemplo? – sugeriu Calístenes ao lado do oficial.

– Os vigias não são bobos. Um tronco se movimentando contra a correnteza? Certamente é isso que eles esperam que façamos. Não vejo nenhuma maneira de resgatá-los. Qualquer tentativa colocaria em risco as suas vidas.

– Não podemos perdê-los! – concluiu o rei. – Crátero é por demais importante e Roxana está grávida. Ela espera o meu herdeiro.

Caio Zip estava todo esse tempo prestando atenção, observando a expressão de preocupação de todos. Até Calístenes estava pensativo tentando achar uma solução. Durante um tempo, um silêncio mórbido os envolveu. Caio e Daphne estavam próximos à saleta de banho. Os pensamentos de Caio foram interrompidos quando ficou a observar um dos criados, que esvaziava a banheira em forma de casca de tartaruga e se mantinha afastado dos outros que acendiam mais lamparinas na tenda. A casca de tartaruga... As luzes... Toda aquela cena provocou uma reviravolta na mente do rapaz.

– Demais! – gritou Caio. Todos se viraram bem assustados para o rapaz que, durante a empolgação, agarrou Daphne pela cintura e a fez rodopiar pela sala. – Eu já sei como podemos fazer!

– Por Zeus! – falou Ptolomeu, angustiado. – Se teve alguma inspiração divina, fale logo, rapaz!

7 - No Palácio do Rei Poros

O menor desvio inicial da verdade multiplica-se ao infinito à medida que avança.

Aristóteles.

A noite oscilava entre chuvas e calmarias. As sentinelas faziam sua ronda, andando perto dos muros do reino de Poros e vigiando as águas agitadas do rio. A breve lua cheia que os iluminava era bem-vinda, embora estivesse cercada por nuvens carregadas e trovejantes. Do outro lado da margem, Alexandre tinha orientado seus guerreiros para que chamassem a atenção das sentinelas de Poros, dando-lhes a impressão de que, afinal, pensavam avançar. Assim, o general inimigo iria concentrar-se nessas movimentações.

– O que é aquilo? – alertou um dos guardas. – Veja! Ali na água.

Dois homens se aproximaram e tentaram localizar, com a ajuda de tochas, um objeto flutuando.

– Pelos céus! – disse um deles, aliviado. – Estamos mesmo mal, se chegamos a nos amedrontar com uma simples tartaruga.

O guarda riu do seu próprio engano, e todos voltaram para os seus postos.

A lua ficou coberta por uma nuvem. Foi a deixa que Enelau esperava para desembarcar do seu mais novo equipamento de mergulho. Escondeu-se perto de uma moita, embaixo do muro, e camuflou a casca do anfíbio. Em seguida, deu uns fortes puxões numa corda amarrada nos seus pés. Era o sinal para uma embarcação que estava no fundo do rio vir à tona. Ela estava com o casco virado para baixo e, tal como Enelau, no interior da casca de tartaruga, seus ocupantes conseguiam respirar. Para executar a façanha, Caio providenciara uns contrapesos amarrados ao barco. Dessa maneira, o modelo de submarino improvisado ficara submerso durante todo o trajeto. A fim de controlarem a subida, os tripulantes só precisaram soltar, lentamente, uma corda para aliviar os pesos e fazer o casco subir sem alertar os inimigos.

– Eu ainda não gosto da sua presença aqui, Daphne – desabafou Calístenes, tentando enxugar a sua roupa. – Agora que não precisamos mais economizar ar, quero voltar a dizer que você deve ficar aqui esperando a nossa volta. Isso tudo é muito perigoso para uma garota.

– Ah é, Calístenes! – irritou-se a garota. – E se tiverem levado Roxana para o harém? Não será mais fácil para mim do que para vocês, rapazes, entrar no harém?

– Poderíamos entrar disfarçados – sugeriu Caio.

– Claro! – disse Daphne com as mãos na cintura. – Como vocês preferem: entrar como aquelas garotas de harém ou como eunucos?

– Mas, Daphne – insistiu Calístenes –, temos mais chances que você.

– Já escolheu a cor do seu véu, Calístenes? Adoraria vê-los dançando. Tenho certeza que enganariam os guardas, principalmente quando vissem os seus lindos pezinhos ou esses belos sapatos estranhos de Caio.

– Ela está certa! – apoiou Gandhi. – Cada um tem sua missão. Caio veio para ajudar com suas ideias estranhas, mas que funcionam; Daphne, por ser uma garota, pode ajudar Roxana, que está grávida, com seus conhecimentos médicos; eu, por conhecer o palácio; Enelau, por ser um excelente batedor, pois sem ele não conseguiríamos nos guiar nesse rio à noite; e Calístenes...

– Veio para aborrecer – completou Enelau.

Calístenes, para revidar, pegou a mão de Daphne e fez uma declaração.

– Um historiador deve vivenciar os acontecimentos. Vim para ajudar com os meus conhecimentos e por saber manejar muito bem qualquer tipo de arma – nesse momento ele beijou a mão da jovem. – Jamais a deixaria sem proteção.

Caio sentindo o sangue ferver ao perceber que Daphne ficara perturbada, pegou a mão de Calístenes, empurrou-a e, depois, recobrando a calma, cochichou.

– Fique quieto, seu romântico fora de hora! Você só está aqui por ser o único que conhece Crátero e a princesa Roxana – Calístenes ficou sem ação e Caio, não dando mais atenção ao rival, prosseguiu. – Gandhi, por onde deveremos ir agora?

– Venham comigo! Essa trilha nos levará até uma vala, onde passa um rio subterrâneo que atravessa toda a cidade e o palácio de Poros.

Gandhi foi à frente segurando uma tocha, com Caio logo atrás. Os outros foram também seguindo em fila indiana. A passagem estreita os obrigou a seguirem bem agachados.

– Se tivermos êxito – comentou Gandhi –, salvaremos os reféns e evitaremos mais sangue nesta minha terra. Assim, Alexandre poderá prosseguir em paz.

– Claro! – concluiu Calístenes. – Ele sabe que, sem os reféns, Poros não terá escolha. Pelo que os batedores de Ptolomeu informaram, o exército inimigo está em minoria.

– A vida de qualquer ser é muito importante para nós, indianos, não importa a quantidade.

– Que bom, Enelau! – vibrou Calístenes de forma irônica. – Finalmente você achou alguém que se importa com a sua vidinha.

– Você não terá mais nenhuma se continuar abrindo essa boca – zangou-se Enelau.

Caio tentava separá-los, quando Gandhi avisou:

– Chegamos! – o indiano arrastou-se para perto de um buraco no teto, de onde passava um feixe de luz por um ralo gradeado. – Estamos bem abaixo dos aposentos dos visitantes. Provavelmente, eles colocaram alguns dos reféns nesse recinto.

Calístenes aproximou-se e observou a sala bem iluminada. Conseguiu avistar um grupo de homens usando calças bufantes azul-marinho e véus cobrindo a cabeça, amarrados por uma fina faixa de couro, que estavam reunidos em volta de uma mesa. Mais recuado, andando de um lado para o outro, estava um homem vestido como um oficial macedônio.

– É Crátero! – reconheceu Calístenes. – Está reunido com os oficiais persas.

Caio e Calístenes já estavam tentando tirar o ralo de ferro com a ajuda das facas, quando Daphne os alertou:

– Estou ouvindo vozes!

Caio parou e deu uma olhada. Eram os guardas que haviam entrado e caminhavam em sua direção. Os dois tentaram repor o pesado objeto, mas, na pressa, não conseguiram encaixá-lo direito.

Os guardas foram até onde os oficiais estavam sentados, sem perceberem nada de errado.

– Nosso rei Poros – esclareceu um dos guardas – ordenou-nos trazer-lhes bebidas para ajudá-los a ter uma boa noite de sono. Aceitem!

– Uma boa noite! Ora! Pois diga ao seu... – Crátero interrompeu sua fala agitada ao reparar no desnível do chão atrás dos guardas. Respirando fundo, rapidamente mudou o tom de voz para outro mais cordial. – Diga ao seu rei que é uma boa ideia. Apesar da situação, precisamos descansar. Agradeça-lhe por mim a gentileza.

Crátero serviu-se da bebida trazida pelos persas e incentivou os outros a imitá-lo. Mesmo intrigados com a atitude do oficial macedônio, seguiram o seu exemplo. O amigo de Alexandre bebeu um grande gole e depois, mantendo a frieza, voltou e falou ao guarda.

– Essa bebida é excelente! Diga ao seu rei Poros que estamos satisfeitos e que iremos nos recolher daqui a pouco. Podem se retirar.

– Muito bem! Darei o seu recado ao nosso rei.

Os guardas os reverenciaram, saíram da sala e a trancaram novamente. Crátero certificou-se de estarem sozinhos e fez sinal aos homens indicando o chão. Eles ficaram surpresos ao verem as grades se mexendo.

Crátero e os outros ajudaram a retirá-la, tendo o cuidado de envolvê-la em um tapete para amortecer o barulho. Qual foi a surpresa ao verem um rosto sorridente!

– Por todos os deuses! – agradeceu Crátero. – Salve, Calístenes! Como é bom vê-lo novamente!

Os dois se abraçaram enquanto Caio, já no interior da sala, aproximou-se e o cumprimentou.

– E aí, tudo bem? Onde estão os outros da comitiva, hein?

Crátero estranhou a figura singular do rapaz.

– Esse é Caio, "irmão" de Alexandre – revelou Enelau.

– Verdade? Bom, se Alexandre o admira a ponto de chamá-lo assim, então deverei confiar em você. Acho que não tenho escolha – o pessoal riu ao ver Crátero coçando a testa. – Quanto aos outros prisioneiros, temos que ser rápidos em juntar-nos a eles. Poderemos usar essa rota de fuga para encontrá-los.

– Quantos são? – indagou Daphne.

– Esse é o problema, não sabemos – explicou Crátero. – Quando fomos atacados, alguns de nós reagiram e morreram. Três chefes guerreiros de Poros começaram a discutir, até decidirem que cada um levaria, de forma sucessiva, a metade dos prisioneiros sobreviventes e mais meio. Só sei que, no final, sobraram apenas nós dez.

– Metade dos prisioneiros mais meio prisioneiro! – Enelau estava exaltado. – Como isso é possível? Quer dizer que viemos até aqui para salvar pedaços de reféns? Que bárbaros!

– Isso não é possível – refutou Calístenes. – Deve haver algum engano.

– Isso está parecendo as receitas do meu pai. – comparou a jovem.

– Daphne! – vibrou Caio. – Você tem razão! Isso, na verdade, é parecido com aquelas equações.

– Então – deduziu Daphne. – Precisamos colocar esse mistério dos prisioneiros repartidos sem terem sido cortados ao meio em forma de linguagem matemática.

– Vamos começar já – disse Caio todo animado. – Vejamos, metade dos prisioneiros mais meio e mais os dez restantes formam o total de prisioneiros do último grupo a ser levado. Sendo a quantidade de prisioneiros do último grupo a incógnita "X", nossa equação fica assim:

$X / 2 + 1 / 2 + 10 = X$; multiplicando tudo por 2, fica: $X + 1 + 20 = 2X$; resolvendo, $X = 21$.

Continuando, metade dos prisioneiros mais meio e os 21 formam o antepenúltimo grupo, então, sendo Y a quantidade de prisioneiros desse grupo:

$Y / 2 + 1 / 2 + 21 = Y$; então, $Y + 1 + 42 = 2Y$; resolvendo, $Y = 43$.

Agora, no primeiro grupo, metade dos prisioneiros mais meio e os 43 formam o total de prisioneiros, então:

$Z / 2 + 1 / 2 + 43 = Z$; $Z + 1 + 86 = 2Z$; resolvendo, $Z = 87$.

– Então 87 é o total de prisioneiros – admirou-se Crátero. – Por Zeus, onde é que você aprendeu a resolver um problema de forma tão lógica?

8 – A Grande Mãe e a Princesa Roxana

No fundo de um buraco ou de um poço, acontece descobrir-se as estrelas.

Aristóteles.

Depois de calculado o número de prisioneiros que não haviam sido mutilados, Crátero e Gandhi fizeram um pequeno mapa com as possíveis áreas para onde teriam levado cada grupo. Com a relação da quantidade de pessoas que deveriam resgatar, Gandhi planejou escondê-los num templo que seu pai ajudara a construir. Lá havia uma câmara para celebrações secretas, que somente os sacerdotes conheciam. Quando estivessem em segurança, Crátero e seus homens fugiriam para avisar Alexandre.

Apagaram as lamparinas e encheram as camas com várias almofadas, cobrindo-as com lençóis. Em seguida, desceram pelo buraco. Caminharam pela passagem até encontrarem outro aposento. Nele, havia garotas cercando uma senhora de cabelos grisalhos, com feições muito bonitas, roupas muito elegantes e usando um medalhão de ouro. Elas se dirigiam para outra ala do aposento.

– É a rainha-mãe! A mãe de Dario III – reconheceu um dos oficiais persas.

– Aquele covarde! – xingou um outro persa, cuspindo no chão. – Como ele pôde fugir nos abandonando na batalha de Issus? Ainda bem que o maldito já encontrou seu fim.

– Cale-se! – exigiu o persa, ameaçando com a mão desembainhar a espada. – Que ninguém ouse falar de Dario diante da rainha-mãe. Ela não merece sofrer mais.

A fim de que as mulheres não ficassem assustadas com sua presença, os fugitivos esperaram que elas se afastassem. Mais adiante, após Crátero e um dos persas arrancarem o ralo, Daphne subiu e se juntou às prisioneiras. Um tempo depois, ela retornou e indicou que eles já poderiam entrar. Todos fizeram reverência, quando se viram diante da rainha-mãe sentada num divã. Um dos oficiais persas de barba beijou sua mão e a saudou:

– Salve, Grande Mãe!

– Mazeu! É bom vê-lo vivo, mas o que faz aqui?

– Viemos libertá-la e levá-la para junto de Alexandre, minha senhora.

– Ah! – reagiu a rainha, servindo-se de um pouco de chá. – Mas como pretendem fugir?

– Através das passagens subterrâneas.

– Vocês ficaram loucos? – reclamou a nobre, quase deixando a xícara cair.

– Como? – espantou-se Mazeu. – Mas nós temos que salvá-la, é nosso dever, nossa...

– Que absurdo! – levantou-se a mulher, largando a xícara no assento. – Ficam gastando um precioso tempo tentando salvar uma velha com suas criadas?

– Mas, Grande Mãe, se ficar será executada! O rei Poros está usando nossa comitiva para uma chantagem. Está tentando obrigar Alexandre a desistir de continuar seguindo em frente com seu exército.

Hahaha! – a rainha não parava mais de rir até se engasgar. – Essa é a melhor piada que já ouvi. Acha mesmo que Alexandre, o homem que aprendi a admirar por sua coragem, conquistador de todos os povos, predestinado a ser um deus entre os homens, seria derrotado por causa de uma velhinha?

Todos ficaram pasmos com sua atitude e principalmente com suas ordens.

– Vão embora! Deixem-me aqui esperando o resultado dos acontecimentos, segundo a vontade de Ahura Mazda! – ela segurou firme o medalhão com a figura do deus persa. – Se têm que salvar alguém, essa pessoa é Roxana. Levem-na para um lugar seguro e depois peguem todos os homens e façam um ataque-surpresa! Aproveitem a chance de já estarem aqui e acabem com esse pequeno rei. Ajudem Alexandre no seu destino: entrar para a imortalidade!

Crátero e os outros ficaram petrificados. A rainha, então, perdeu a sua majestade. Colocou as mãos na cintura e gritou.

– Será que terei que fazer tudo sozinha? Será que terei eu mesma de liderar o ataque? Vocês, homens, procurem o primeiro grupo que chegou a esta cidade, composto de oficiais gregos, na ala oeste do palácio, e tentem desestabilizar o inimigo. Os mais jovens devem buscar Roxana, que estava no segundo grupo. Protejam-na!

– Mas ainda não sabemos onde ela está – disse Mazeu.

– Que coisa, homem! Ela está na quarta porta, à esquerda, no final do corredor. Agora, vão e lutem!

Daphne foi a primeira a ter iniciativa e procurou fazer com que os outros a seguissem. Mazeu, antes de se retirar, despediu-se da rainha.

– Grande Mãe, como temos que aprender com a senhora!

Quando ficou somente na companhia das garotas, a rainha deu uma última olhada em direção ao buraco no chão antes de ser fechado.

– Imaginem só! – comentou com suas damas. – Esses tolos ainda queriam que eu entrasse por esse cano!

Continuando a missão, Crátero tomou uma decisão ao ver uma bifurcação.

– Temos que ser rápidos! Irei com os persas para a ala oeste. Vocês, peguem o caminho da direita e encontrem Roxana.

Caio e os outros jovens percorreram o trajeto e logo acharam o quarto da amada de Alexandre. Ela estava deitada, enquanto outras princesas estavam sentadas conversando.

Eles entraram da mesma forma que antes, usando Daphne, mas, para não perderem mais nenhum minuto, a garota foi logo fazendo aquele grupo feminino preparar-se para escapar.

Roxana, que aparentava ter por volta de 16 anos, foi a primeira a descer. Ela estava bem disposta e, ao ver o caminho estreito, ordenou às princesas que arrancassem as saias e ficassem, apenas, vestidas com grandes calções de lã. A princesa usava botas de couro que iam até o tornozelo e um véu na cabeça preso por uma tiara dourada, que foi arrancado para amarrar seus cabelos longos e pretos a fim de facilitar a fuga. Ela também pediu a Calístenes uma faca, que escondeu debaixo da manga. Seus olhos, negros como a noite, eram grandes e marcantes, revelando uma mulher muito determinada.

Atrás dela, vinha uma jovem que Caio ajudou a descer. Ela olhou para o estranho e riu ao ver os seus trajes, mas ele não ficou aborrecido. A jovem se apresentou como a princesa Barsini. Seus olhos cor de ametista e suas sobrancelhas espessas realçavam o rosto pequeno e dourado. Seus cabelos tinham um brilho tão intenso que, enquanto ela os amarrava, Caio ficou contemplando o reflexo de tom azulado na luz das chamas. O rapaz estava como que enfeitiçado pela princesa encantadora. Daphne, ao ver aquela cena, intrometeu-se, pedindo de forma áspera para Barsini seguir Roxana.

Quando chegaram a uma área onde havia uma luz forte e avermelhada, Gandhi deu uma espiada.

– Estamos no templo embaixo da sala das oferendas – disse o rapaz indiano. – Não há ninguém! Vamos!

9 – O Desafio do Deus Shiva

Finalmente encontrei um inimigo digno de mim e uma jornada em que preciso desenvolver toda a minha coragem, pois temos de combater homens bravos e monstruosas feras.

Alexandre, o Grande.
(comentando a batalha contra o rei Poros)

Ao entrarem no salão, Caio e os outros ficaram maravilhados. O lugar era decorado com altos-relevos e com várias estatuetas de pedras de imagens de deuses, animais e plantas. As paredes avermelhadas tinham detalhes de desenhos feitos de fios de ouro e pedras preciosas. O salão era iluminado por pequenas velas redondas que deixavam o lugar com ar de mistério e magia. O teto era aberto e coberto apenas por um enorme véu sustentado por uma armação feita de plantas, de forma que se podia apreciar as estrelas, a lua cheia coberta por esparsas nuvens e o céu, agora mais claro, num tom misturado de azul-escuro com laranja anunciando o alvorecer.

No centro da sala havia um pequeno riacho cercado por flores e uma grande estátua de cobre retratando uma figura humana com quatro braços.

– Esse é o nosso deus Shiva – explicou Gandhi. – Ele está dançando dentro de um círculo de fogo, símbolo da renovação, e, por meio de sua dança, ele cria, conserva e destrói o universo. Essa imagem representa o eterno movimento do universo que foi impulsionado pelo ritmo do tambor e da dança.

– Quantos braços! – surpreendeu-se Caio.

– E que são essas coisas? – indagou Enelau.

– Em uma das mãos, ele segura o Damaru, o tambor em forma de ampulheta com o qual marca o ritmo cósmico e o fluir do tempo. Na outra, traz uma chama, símbolo da transformação e da destruição de tudo que é ilusório. As outras duas mãos encontram-se em gestos específicos. A da direita, cuja palma está à mostra, representa um gesto de proteção e de bênçãos – abhaya mudrá. A da esquerda representa a tromba de um elefante, aquele que destrói os obstáculos.

– Que figura mais estranha! – disse Daphne, rodeando a estátua.

– E o que é isso que o deus está pisando? – questionou o historiador.

– Nataraja, como Shiva é chamado quando é representado como dançarino, está pisando com seu pé direito sobre as costas de um anão, o demônio da ignorância interior, a ignorância que nos impede de perceber nosso verdadeiro eu. O pedestal da estátua é uma flor de lótus, símbolo do mundo modificado. A imagem toda nos diz: "Vá além do mundo das aparências, vença a ignorância interior e torne-se Shiva, o meditador, aquele que enxerga a verdade através do olho que tudo vê – o terceiro olho na testa, Ájña Chakra." Esse olho, quando aberto, torna Shiva o destruidor.

Todos ficaram um pouco temerosos com aquele ídolo. Parecia que, a qualquer instante, iria saltar do pedestal. A expressão do seu rosto era, ao mesmo tempo, delicada e aterrorizante. Caio voltou-se para Gandhi e perguntou.

– Onde fica a câmara secreta?

– Ela está camuflada e só pode ser revelada depois de colocarmos a oferenda na mão estendida, a mão da proteção de Shiva.

– Que oferenda? Vamos pegar logo! – Daphne estava muito ansiosa.

– Existe um segredo sobre essa questão.

– Fale logo, Gandhi – apressou Calístenes.

– Precisamos retirar exatamente seis litros de água do rio, mas dispondo apenas de dois baldes – Gandhi foi até um canto da sala e mostrou os baldes. – Um deles é de quatro litros e o outro é de nove litros. Nós temos que colocar a quantidade certa no balde maior: seis litros exatos, na mão de Shiva.

– Isso é alguma brincadeira? – Enelau já estava irritado. – Por quê?

– Muito simples – prosseguiu Gandhi. – Meu pai queria ter certeza de que a pessoa que tentasse entrar na sala secreta não fosse um enviado dos demônios da ignorância. Ainda bem que meu pai me ensinou como fazer, pois, se não colocarmos a quantidade exata, sofreremos a ira do Destruidor.

De repente, ouviram um barulho. Era o som das trombetas soando o alarme. Ouviram pessoas gritando e, em seguida, a voz de um homem ordenando: "*Reforcem a entrada da cidade! Os prisioneiros estão abrindo o portão! Não os deixem prosseguir! Não!*" Gandhi e Caio foram dar uma espiada pelas frestas das janelas e viram que a cidade estava sendo atacada. A população corria tentando se proteger. No meio da confusão, havia uma mulher caída na praça, quase sem forças. Ela segurava um menino e um bebê no colo.

– Minha mãe! Meus irmãos, não! – desesperou-se o indiano. – Eu tenho de ajudá-los. Preciso ajudar meu povo.

Caio tentou segurá-lo, mas foi em vão. O jovem, mais ágil do que um gato, saltou para perto de uma abertura e sumiu.

– Rápido! – Calístenes juntou todos num canto. – Temos que achar o esconderijo antes que nos vejam aqui.

– Mas você tem ideia de como fazer para resolver esse enigma dos baldes? – perguntou Daphne, assustada.

– Ora, como Aristóteles diria: "Temos que analisar e usar a lógica."

[1]

[1] Se você acertou o desafio, vá para a próxima página. Errou? Vá para a página da Ignorância, onde, ao final, há a solução do desafio.

PÁGINA DA SABEDORIA

Penduraram o balde maior, contendo os exatos seis litros, na mão da imagem. Subitamente, o braço foi se abaixando até parar. O dedo indicador da estátua apontou para um quadro com uma pintura de um jardim iluminado pela luz do sol. Quando Caio tocou no astro, que sobressaía, abriu-se uma parede ao lado.

Lá dentro, acharam uma escada. Desceram até um salão dourado cheio de livros e instrumentos musicais.

– O que é isto? – Caio pegou um instrumento de cordas e, ao tocá-lo, ouviu um som que lembrava o de uma harpa.

– É uma cítara – Barsini pegou o objeto e tocou uma pequena melodia.

Caio ficou maravilhado com aquele som mágico, até perceber a ausência de uma pessoa.

– Onde está Calístenes?

– Calístenes! – chamou Daphne, vendo o amigo indo em direção à escada. – Pra onde você está indo? Fique aqui e estará a salvo!

– Não, Daphne – corrigiu Calístenes, que parecia estar muito apressado. – A tarefa de um historiador não é ficar a salvo. Meu dever é ser uma testemunha dos fatos. Como vou poder contar a verdadeira história das conquistas de Alexandre se todas as vezes que algo acontecer eu tiver que pensar na minha segurança?

– Então eu irei com você – decidiu Caio. – Enelau pode cuidar de tudo, e Daphne...

– Já sei! – chateou-se a garota. – Ficarei cuidando da saúde de Roxana.

Os dois sorriram para a irritada Daphne e saíram correndo. Os primeiros raios da manhã ainda tentavam emergir por pequenas frestas após as fortes chuvas que caíram vorazmente sobre a terra mais do que sofrida. Os dois rapazes foram correndo para a passagem subterrânea. Ao alcançarem a saída bem afastada da cidade, viram ao longe uma enorme torre de fumaça negra. Sem hesitar, arranjaram cavalos e, seguindo uma trilha ao longo do rio, rumaram para a visão do terror. Ao chegarem ao local, Caio não acreditou na estratégia que Alexandre utilizara para atravessar o rio, seguido por seus soldados. Havia uma enorme ponte boiando como um barco até o portão principal, que Crátero e seus homens conseguiram abrir. Todos estavam a pé, exceto Alexandre, montado em Bucéfalo.

Ao se aproximarem da obra de engenharia, Calístenes verificou que as tábuas usadas para a ponte tinham sido retiradas das máquinas de guerra. Embaixo delas, havia centenas de peles, usadas anteriormente para montarem as tendas do acampamento. Elas tinham sido costuradas, impermeabilizadas com cera e depois foram recheadas com finas palhinhas. Os sacos improvisados ficaram cheios de ar preso entre a palha, formando grandes boias unidas por tiras de couro. Para a ponte ficar fixa, pedras amarradas com cordas serviam como âncoras.

Os indianos tentavam usar suas carroças de combate puxadas por bois, carregadas de temíveis arqueiros, seguidas por seus elefantes contra os invasores, mas, com a terra totalmente alagada, não havia como efetuar qualquer tipo de manobra. Para piorar a situação, eram atingidos por revoadas de flechas e de lanças vindas dos flancos.

Num momento crucial, Alexandre lutou a pé em um feroz ataque contra a guarda real, desafiando-a numa luta desigual, golpeando os inimigos com sua espada, mas, atrás dele, se aproximava um elefante, o maior de todos. Em vez de carregar um guia e uma torre com dois soldados, como os outros, o paquiderme usava uma couraça dourada e vermelha. Era o próprio rei Poros que o guiava, usando uma impenetrável armadura feita de bambu entrelaçado. Ao ver o conquistador macedônio, não pensou duas vezes: forçou o elefante numa corrida louca para tentar esmagá-lo. Quando Alexandre percebeu, já não tinha mais como escapar. Por puro reflexo, ergueu os braços, mas consciente de que esse seria o seu fim. Nesse instante, surgiu um cavalo negro a galope. Usando sua massa poderosa, chocou-se ferozmente contra o gigante de presas de marfim.

– Bucéfalo! Não!

Alexandre gritou, aterrorizado, ao ver aquela trágica cena. Seu corcel, seu fiel amigo, tinha feito o último ato heroico ao se sacrificar pelo dono sem exibir, em nenhum momento, qualquer medo. Bucéfalo, agora tombado no chão, já não parecia tão imponente. Tentou mais de uma vez se erguer, mas seu corpo ferido não o obedecia mais.

Alexandre ajoelhou-se ao lado do velho amigo em agonia, que relinchava com enorme dificuldade. O soberano encostou-se ao peito ensanguentado e ficou ouvindo o seu fraco coração. As batidas foram diminuindo e diminuindo, até serem substituídas por um silêncio mortal. Alexandre fechou os olhos e, num esforço sobre-humano, controlou-se para não deixar derramar nenhuma lágrima diante daqueles guerreiros paralisados. Tentou, num último esforço, reanimar seu salvador, mas a alma valente já havia partido, juntamente com uma parte do coração do seu dono.

A batalha terminou. Os indianos, completamente cercados, renderam-se. Poros, que ainda se encontrava no chão, ferido na perna direita devido à queda, levantou-se e, com dificuldade, caminhou até conseguir jogar sua espada aos pés do vencedor.

Caio e Calístenes estavam emocionados. Todos ali presentes estavam abatidos a ponto de deixarem de lado as suas diferenças.

Alexandre se levantou e pegou a espada do rei indiano. Ele a empunhou como se fosse golpeá-la contra o inimigo, mas, lentamente, encostou-a no ombro de Poros e declarou:

– Diga, Poros, como deseja ser tratado?

– Como um rei.

– Não quero mais mortes – o conquistador ainda mantinha a espada apoiada no ombro do vencido. – Prefiro a vida. Não quero um rei prisioneiro. Prefiro um aliado. Aceita? [2]

Fim da Página da Sabedoria

---

[2] Pule 3 páginas

PÁGINA DA IGNORÂNCIA

– Qual o problema se não colocarmos exatamente os seis litros de água? – indagou Enelau, já sem paciência. – O que poderia acontecer de ruim? Não, não vamos perder tempo nessa bobagem. Vamos chutar, e pronto!

Caio bem que tentou impedi-lo, mas já era tarde demais. Enelau pegou o balde de quatro litros cheio e o despejou no de nove litros. Como não soubesse como medir com exatidão, tentou obter aproximadamente a metade da capacidade daquele balde menor para despejar no maior. A seguir, pendurou o balde decorado na mão da bênção.

– Perfeito! – orgulhou-se Enelau. – Eu não disse? Não aconteceu nada de mal.

De repente a mão do deus Shiva começou a se mexer, mas, em vez de revelar a câmara secreta, despertou o terceiro olho do ídolo. Estavam todos na frente da imagem quando, subitamente, o chão começou a tremer e, num outro segundo, abriu-se um buraco, no qual todos caíram. Ninguém se machucou, pois a altura da queda tinha sido pequena.

Quando o grupo tentava de alguma forma se levantar para tentar escalar...

– Que barulho é esse? – estranhou Roxana.

– Por Ahura! – desesperou-se Barsini. – Não!

De dois grandes orifícios, um em cada parede lateral, veio uma tromba d'água que fez todos se desequilibrarem. Para piorar, surgiu um enorme redemoinho formado por um grande ralo no chão. O grupo começou a nadar desesperadamente tentando se agarrar às paredes lisas. Uma das damas estava sendo puxada para o fundo. Para socorrer a amiga, Roxana fincou a faca na parede e, com o apoio de Barsini, segurou a mão da quase afogada.

Quando tudo parecia perdido, Caio mergulhou e arrancou os tênis dos seus pés. Fez um nó nos cadarços para uni-los. Depois pegou o cinto de Enelau que era uma espécie de couro enrolado com várias voltas na cintura e amarrou nos cadarços começando a girar o calçado, do mesmo jeito que os boiadeiros fazem para laçar um novilho. Mirou num dos braços do ídolo ao seu alcance, mas não acertou. Todos começaram a achar que era o fim, até o garoto teimoso tentar novamente, para desta vez alcançar sua meta.

Caio segurou firme com a ajuda de Calístenes e Enelau, enquanto as garotas subiram na frente. Barsini e Daphne arranjaram mais cordas e socorreram os rapazes. Quando todos já estavam a salvo, Barsini aproximou-se de Caio e, por pura emoção, beijou-lhe intensamente. Daphne, chateada com a visão romântica, recuou para perto da janela e lá ficou a reparar que a cidade estava em silêncio.

– Parece que a batalha acabou – disse ela.

– O quê! – espantou-se Calístenes ao se aproximar da jovem. – Acabou? E eu não vi nada! Essa não!

Calístenes, desesperado, correu para fora do templo. Caio, soltando-se finalmente dos braços de Barsini, seguiu o afoito historiador para longe da cidade onde se concentravam os dois exércitos. Não viram luta, não viram nada. Os dois haviam chegado no momento em que Alexandre cumprimentava o rei indiano. Calístenes teve que se contentar em testemunhar apenas os guerreiros macedônios mais uma vez aclamando o conquistador.

– Alexandre! Alexandre! É um deus! Um deus!

Fim da Página da Ignorância

Solução do problema dos baldes.

- *Encher o balde maior (de 9 litros);*
- *Despejar o conteúdo do balde maior no balde menor (de 4 litros), restando 5 litros no balde maior;*
- *Jogar fora o conteúdo do balde menor e enchê-lo de novo com a água do balde maior, restando 1 litro no balde maior;*
- *Jogar fora o conteúdo do balde menor e despejar nele o litro que estava reservado no balde maior; e*
- *Encher o balde maior com 9 litros e despejar no balde menor os 3 litros que faltam para enchê-lo.*

Ficam 6 litros no balde maior.

10. O Ataque das Feras

O homem que é prudente não diz tudo quanto pensa, mas pensa tudo quanto diz.

Aristóteles.

Para comemorar a vitória, Alexandre celebrou jogos atléticos e ofereceu sacrifícios aos deuses. Os artistas que acompanhavam o rei da Macedônia e os indianos representaram peças teatrais. Caio se divertiu como nunca, e chegou a participar da competição de lançamento de dardos. Ainda tinha muito que aprender, mas, mesmo assim, tanto Barsini quanto Daphne ficaram entusiasmadas.

Alexandre não ficou envolvido com aquela breve diversão. Em sua mente, vieram as recordações da infância, das batalhas que travara, das suas conquistas... sempre acompanhado pelo seu corcel negro. Entristecia-se. Sentia seu coração rasgado, ao lembrar que Bucéfalo tinha morrido durante o combate contra Poros. Sentiu que uma parte da sua juventude e força tinha sido enterrada.

Para finalizar as comemorações da vitória, Alexandre decidiu fundar mais uma cidade, com o nome de Alexandria Niceia.

Em homenagem ao seu bravo cavalo, mandou que preparassem um grande desfile com honras dadas somente aos grandes heróis. Deu a ordem de construírem um túmulo de pedra para o equino e, nessa região, fundou outra cidade: Alexandria Bucéfala.

Poros, agora, era um importante aliado. Continuou residindo no seu palácio e foi-lhe entregue o governo de todos os territórios daquela região conquistada, mais de duas mil cidades, com a obrigação de recolher os tributos. Alexandre também resolveu que Gandhi assumiria o cargo de sábio. O jovem descendente do profeta Zaratustra ficaria encarregado de combinar a cultura grega com a indiana. Para ajudá-lo na nova tarefa, Alexandre o enviou para o Liceu de Aristóteles.

Encorajados pelo rei indiano, Alexandre e seu exército seguiram para o leste continuando a dominar mais e mais cidades e imensos territórios. Viajaram através de rios selvagens com correntezas que arrancavam pedaços dos barcos construídos por engenheiros comandados pelo almirante Nearcos. Marcharam por uma selva indomável, que, a cada passo, teimava em mostrar suas garras, fazendo com que alguns homens desertassem. Eles preferiram arriscar a sorte desertando para voltar para casa a ir em frente por um trajeto sem fim. Eram chuvas intermináveis e animais devoradores não só de homens, mas também dos restos de suas forças.

Numa bela noite, por exemplo, enquanto chovia, para variar, o rio Indo transbordou e trouxe uma grande revelação. Visitantes vieram na enxurrada, mergulhados na lama. Entraram sorrateiramente nas tendas sem que as sentinelas, já exaustas, percebessem. As primeiras a repararem nos intrusos foram as garotas, Barsini e Daphne. Elas estavam ainda tentando dormir numa cama desconfortável, sendo aquecidas por um pequeno lampião, quando ouviram um grunhido e sentiram algo muito áspero resvalando nos seus pés. As duas deitadas, uma de costas para a outra, levantaram-se lentamente e desvendaram o mistério. Elas se encararam e deram o maior berro. Pegaram as cobertas, jogaram no invasor e dispararam lá para fora. O pessoal das outras barracas também entrou em pânico. Todos tentaram desesperadamente escalar as árvores gigantes com medo daquelas coisas, que, até aquele dia, acreditava-se que só existissem nas águas do rio Nilo, no Egito.

Caio não gostou do reencontro com aquilo. Lembrou-se de sua

visita ao Egito na época do faraó Ramsés quando, por um verdadeiro milagre, conseguiu evitar virar uma refeição daquelas mandíbulas sedentas por sangue.

– Crocodilos! – alertou tardiamente Enelau, o último a escapar, pois ainda se encontrava dormindo.

Os guardas se arrumaram e pegaram suas espadas e tochas, e lutaram até conseguirem expulsar as feras. Após a retirada dos répteis invasores, foram averiguar as perdas e levaram o relatório para o rei macedônio. Foi um momento triste para Caio Zip e os outros ouvirem de um Alexandre contrariado que, naquele ataque-surpresa, haviam ocorrido várias perdas: alguns soldados foram mutilados, outros foram devorados.

Alexandre, como de costume, logo se recuperou e juntou-se aos seus oficiais para tomar providências. Apreensivos, Caio e o resto do grupo seguiram o rei.

– Pelos deuses! – esbravejou o conquistador. – Como isso pode ter acontecido? Como posso ter perdido tantos homens para essas feras?

– Eles não mereciam isso – lamentou Crátero. – Homens como eles mereciam uma morte por bravura.

– Crocodilos na Índia! – Alexandre olhou ao redor. – Como isso é possível?

– Mas não pode ser! Como? – espantou-se Ptolomeu. – O único lugar em que já vimos esses monstros foi no Egito. Como vieram parar aqui?

– A única explicação que posso imaginar – raciocinou Alexandre – é que esse rio possui alguma ligação com o rio Nilo. Será que achamos a nascente do Nilo?

– Que maravilha! – disse Crátero, entusiasmado. – Toda riqueza do Egito provém do Nilo. Quem controlar a nascente do rio terá todo o poder sobre o Egito.

– Será? – intrometeu-se Calístenes. – Se isso for verdade... Então... As enchentes anuais do Nilo são causadas pelo derretimento de neve que desce dessas gigantescas montanhas pelo rio. Será?

– Temos que investigar. É o único jeito de acabarmos com essa dúvida. Nearcos! – chamou o soberano. – Onde está meu almirante?

Um oficial de cabelos grisalhos veio rapidamente para junto do grupo.

– Estou aqui, Alexandre.

– Nearcos, quero que junte os homens necessários para ajudá-lo na construção de uma frota apropriada para uma expedição. Preciso dessas embarcações imediatamente.

Alexandre – interrompeu Crátero –, está pensando em descer o rio? Vai regressar ao Egito?

Todos ali reunidos esperavam a confirmação.

– Isso não! Nearcos vai explorar o rio somente com alguns homens. – Alexandre deu uma olhada no pessoal desanimado e, com raiva, deu sua última ordem. – Preparem-se! Todos vocês irão prosseguir comigo.

Mesmo com esse azar, Caio tentava, de todos os modos, manter-se animado. Sabia que, no seu caso, não tinha para onde ir e precisava esperar os acontecimentos.

11. Uma Lição de Filosofia

O ignorante afirma, o sábio duvida, o sensato reflete.
Aristóteles.

Caio, Enelau e Calístenes observavam os soldados construtores trabalhando na construção das embarcações que iriam descer o rio. Muitas delas eram as famosas trirremes, embarcações poderosas que deram à Grécia o domínio do mar mediterrâneo. Resolveram andar à beira do rio e se afastar do acampamento. Apreciavam a natureza selvagem do lugar, as árvores frondosas, e o cheiro de canela no ar. Lá longe viam a cordilheira de enormes montanhas, cobertas de neve. Custava acreditar que algumas semanas antes eles atravessaram aquelas montanhas com enorme sacrifício.

– Como meu tio iria gostar daqui – disse Calístenes, virando-se para Caio e Enelau. – Ele teria muita inspiração neste lugar.

– É verdade – Enelau prosseguiu num tom jocoso. – Aristóteles teria sido o único a gostar de ver os crocodilos.

– Por que gostaria? – comentou Caio ao lado de Enelau. – Aristóteles deve ser um homem ocupado demais a refletir sobre o que é a vida e o universo.

– É só isso que você acha que meu tio faz?

– Pelo que vocês falaram até agora, Aristóteles é um filósofo, um amante da verdade, do conhecimento, que faz as suas aulas passeando entre as árvores, observando e debatendo tudo.

– Você não tem muita noção de filosofia.

– É, eu não tenho mesmo – revelou Caio, erguendo os ombros. – Pra mim, um filósofo é só um investigador que questiona tudo.

– Um filósofo lida, sim, com o estudo de problemas fundamentais, como a existência, o conhecimento, a verdade, a beleza, a mente, a linguagem... Mas não é só isso. Além de questionar, ele também tem a atitude de não aceitar nada como verdade indiscutível.

– Você e sua filosofia – cortou Enelau. – Pra mim, a verdade indiscutível é tratar de fazer umas oferendas aos deuses para sairmos logo daqui!

– Não, Enelau! Quando é que você vai entender que filosofia é diferente de religião? Não existem dogmas em filosofia, tudo é questionável, tudo tem que ter uma explicação racional.

– Então me dê uma explicação racional para tudo que estamos passando.

– Fácil! – ergueu Calístenes as mãos. – O homem precisa compreender o porquê das coisas que o rodeiam, admirar-se perante o mundo e se dar conta da sua ignorância, de que é um ser débil e desorientado. Coisa que você ainda não consegue.

– Afinal – interrompeu Caio a discussão entre os dois briguentos – , Aristóteles e os amigos dele foram os primeiros no estudo de filosofia?

– Ah, não! – a primeira escola de filósofos surgiu em Mileto, há uns 300 anos.

– Foi lá que começaram a indagar do que são feitas as coisas – completou Enelau. – Lá viveu o primeiro grande filósofo, Tales.

– Ah, já ouvi falar desse Tales de Mileto – recordou Caio. – Mas eu não sabia que ele era filósofo.

– Tales se envolvia em muitas coisas – Calístenes franziu a testa, esforçando-se a aparentar mais sábio do que os outros. – Além de filósofo, Tales foi um grande estudioso dos astros e da matemática.

– Urgh! – resmungou Caio. – Nem me fale dele na matemática.

Até hoje fico chateado com os teoremas de Tales. Me dei mal numa prova porque não entendi bem um dos teoremas.

– Qual?

– Aquele... – Caio tomou fôlego e falou de uma só vez. – Quando duas retas transversais cortam um feixe de retas paralelas, as medidas dos segmentos delimitados nas transversais são proporcionais.

– Você fala como se fosse algo decorado – observou Enelau.

– Eu não manjo desse assunto. O meu professor falou, falou, mas não explicou direito pra que serve isso.

– Saber para que serve é fundamental – destacou Calístenes. – Esse teorema é fantástico para determinar as medidas de terrenos e de grandes objetos, como a altura desta enorme árvore que está na nossa frente.

– Mas por que ele começou a se preocupar em fazer essas medidas?

– Tales era um esperto comerciante e ficou muito famoso porque, numa de suas viagens ao Egito, foi desafiado a medir a altura da grande pirâmide de Quéops. Já pensou se ele tivesse que subir naquela gigantesca pirâmide? Seria muito demorada e também muito imprecisa a maneira de medir. Um dia Tales observou que, num mesmo instante, a razão entre a altura de um objeto e o comprimento da sombra que esse objeto projetava no chão era sempre a mesma para quaisquer objetos. Assim, usando apenas um bastão, ele aplicou seus conhecimentos sobre segmentos proporcionais, pois, sabendo a medida da altura do bastão e de sua sombra mais a medida da sombra da pirâmide, ele conseguiu calcular a altura da pirâmide.

– Que máximo! Só ainda não entendi uma coisa... Se Tales era essa fera na matemática como é que ele acabou envolvido com filosofia?

– Mas filosofia e matemática têm a mesma linha de pensamento, Caio – disse Calístenes, abismado. – A matemática só faz sentido quando é colocada como a filosofia, em que tudo é questionável, tudo tem que ter uma explicação racional, deixando de lado a interferência dos deuses.

– Hum, então a filosofia está fortemente relacionada com a matemática.

– Isso.

– Daphne tinha me dito que há um pensamento filosófico na matemática, uma relação da lógica com a matemática, mas eu não tinha entendido bem.

– Sim. Foram os filósofos que estabeleceram bases racionais para a matemática e a desenvolveram.

– E quem veio depois de Tales? – indagou Caio, cruzando os braços.

– Anaximandro, também de Mileto, veio depois. Anaximandro se questionou se o homem sempre teve esta forma atual desde tempos imemoriais. Ele então lançou à análise crítica a hipótese de que o homem sempre foi tal como é hoje, e, por meio de raciocínio impecável, chegou à conclusão de que a hipótese é absurda. Deduziu que o homem atual jamais sobreviveria em um mundo inóspito do passado, durante milhões de anos, em climas de frio exagerado, ou de calor abrasador, à mercê de animais ferozes, sem proteção alguma, com crianças tão frágeis que precisam de um longo período de cuidado e proteção. Assim, ele deduziu que o homem somente sobreviveria se fosse diferente, que devia ter evoluído a partir de outro animal mais forte, e que esse processo de evolução é contínuo.

– Vocês, gregos, já tinham essa noção do processo evolutivo em época tão antiga... – disse Caio, rindo.

– Como assim, em época tão antiga? Isso foi há apenas uns 200 anos. E estamos avançando muito desde então.

– Ah, não liga não, é que eu vivo confundindo tempo com espaço, eu queria dizer em um lugar tão distante da minha terra – consertou Caio. Calístenes e Enelau se entreolharam, tentando ver se um deles já conseguia entender o viajante. – Mas o que realmente me impressiona é que vocês tenham esse conceito tão avançado de que o homem é produto de uma evolução constante somente baseados na capacidade de observação.

– É mais que o raciocínio baseado na simples observação. Isso é fundamental, este tipo de raciocínio é chamado de redução ao absurdo, ou seja, a partir de uma determinada hipótese, decide-se algo que é claramente errôneo, que não resiste a uma análise crítica, então, é óbvio que a hipótese deve ser rejeitada. Precisamos estar atentos para usar este tipo de raciocínio, redução ao absurdo, sempre que houver a oportunidade.

– Gostei desse raciocínio crítico "redução ao absurdo". – Caio exibia uma expressão de revanche. – Vou começar a usá-lo, principalmente para desmascarar certos enganadores que têm uma lábia, um poder de convencimento com proposições erradas.

– Nós chamamos esses enganadores de grande poder de persuasão de sofistas.

– Disso eu sei. A Daphne já falou sobre eles. – Calístenes ergueu a sobrancelha com ar de puro ciúme e Caio, depois de saborear um pouco a satisfação de ver o rival daquele jeito, prosseguiu a conversa.

– Bom, e depois de Anaximandro, não veio mais ninguém?

– Você é muito apressado – comentou Enelau com as mãos na cintura. – Eu levei dias de bons passeios no Liceu, aprendendo sobre Anaximandro.

– De onde nós viemos?

– Como de onde viemos? – estranhou Caio.

– Na verdade, nós não sabemos – esboçou Calístenes um ar de superioridade.

– Você já está perdido, Calístenes?

– Ora, Caio, para Anaximandro, essa era a grande questão e, com as investigações que fez, ele começou a deduzir que, em nossa forma mais primitiva, há muitos milhões de anos, nós viemos do mar, que é lá no mar que apareceu a vida pela primeira vez neste planeta Terra.

– Tem certeza de que ele era um filósofo?

– Tem razão, ele não era apenas um filósofo, como outros. Anaximandro tinha um tremendo poder de observar e deduzir. Uma vez, Aristóteles me contou que Anaximandro estava caminhando pelas montanhas e encontrou fósseis de peixes.

– Ah, conta outra, Calístenes! – reclamou Enelau. – Como é que um peixe foi parar lá?

– Deixe que Atenas o ilumine, uma vez que seja, Enelau.

– Ah! Então foi ela? A deusa da sabedoria?

– Mas como pode ser tão idiota! Não dá pra ver que foi o mar cobriu esses locais onde estão os fósseis, em épocas remotas, talvez há milhões de anos! Seu ignorante!

– Ei! – aborreceu-se Caio. – Eu também nunca tinha ouvido falar desse Anaximandro.

– Claro que não. – Calístenes elevou a voz. – Anaximandro foi filósofo, mas também foi o iniciador da astronomia grega. Ele propôs concepções alternativas sobre a natureza e a estrutura do cosmos. E, quando fez isso, ele mais pareceu um viajante do tempo rumo ao futuro.

– Bem que queria ser ele e ir para o futuro. – riu Caio.

– Vocês não sabem de nada. Anaximandro rejeitou as explicações dos pensadores anteriores, inclusive de seu mestre, Tales. Imagine a guerra que foi alguém querer romper com a autoridade até então inquestionável da tradição, dos ensinamentos místicos e da religião. Foi assim que Anaximandro iniciou o debate franco, público e aberto das ideias.

– Mas tudo isso aconteceu em Mileto? – indagou Enelau. – E as outras cidades?

– Ora, depois de Mileto foi a vez de a filosofia desenvolver-se em Samos.

– Não foi nessa cidade... Acho que fica no sul da península itálica.

– Sim, na Magna Grécia – irritou-se Calístenes. – O que tem essa cidade?

– Não foi lá que Pitágoras nasceu.

– Ah, não! – suspirou Caio. – Mais um matemático.

– Que estranho – Calístenes encarou Caio. – Por que você só conhece os filósofos como matemáticos?

– Simples. Meus professores não falavam nada dessas coisas.

– Você é muito esquisito, Caio. Acho que você não teve professores como diz ter tido. Se fossem bons professores, certamente, seguiriam o jeito de Pitágoras

– Como assim?

– Ele foi um dos primeiros a combinar filosofia, matemática e música.

– Música também?

– Música tem muito a ver com matemática, não sabia?

– Não sabia, não.

– Eu sabia – levantou Enelau a mão, sorrindo, mas logo se arrependeu ao reparar nos outros dois que estavam bem irritados. Calístenes, mantendo o ar de superioridade, prosseguiu a provocar Caio.

– Para você ter uma ideia, foi Pitágoras quem, durante suas investigações, descobriu as leis dos intervalos musicais, isto é, as relações aritméticas da escala musical.

– Essa agora. Já sei que vou me arrepender de perguntar, mas... Como música tem relação com matemática?

– Sua educação é tão limitada – zombou o historiador. – Duvido que saiba algo sobre Pitágoras.

– Também não é assim – chateou-se Caio ao os dois rindo. – Eu conheço o teorema de Pitágoras, que diz que em um triângulo retângulo a soma dos quadrados dos catetos é igual à soma do quadrado da hipotenusa.

– Muito bem! – bradou Calístenes que, com ar de ironia, batia palmas bem devagar.

– Eu gosto de Pitágoras – cortou Enelau. – Pitágoras fundou uma irmandade de natureza religiosa que teve inúmeros seguidores.

– Não entendi – frisou Caio. – Agora tem religião no meio?

– Era uma irmandade especial – corrigiu Calístenes. – Essa irmandade se interessava em medicina, cosmologia, filosofia, ética e política. Acreditava que a música possuía um valor ético e medicinal, por isso a educação devia começar pela música, por meio de certas melodias e ritmos, que acalmavam as pessoas e atraíam a harmonia entre as faculdades da alma.

– Hum! Estudar ouvindo música, eu sempre fiz isso. Bem que poderia ser legal se meus professores deixassem.

– Pitágoras era um ser iluminado que mataria de inveja os seus professores, Caio?

– Poderia matar – Enelau apoiou a mão em Calístenes. –, mas lembre-se que Pitágoras acreditava também na reencarnação.

– Sério? – surpreendeu-se Caio. – Mas essa ideia de reencarnação não é hindu? Syrrhaptes Gandhi já mostrou que ele também pensa assim.

– Sim, é verdade – concordou Calístenes num tom mais amigável. – É interessante ver um conceito tão complexo prosperar em regiões tão distantes. Mas, no final, os seguidores de Pitágoras foram perseguidos, e a ideia de reencarnação quase desapareceu entre nós, enquanto, na Índia, esse conceito prosperou entre a população.

– Quem é o próximo na lista, Calístenes? – indagou Caio, esfregando uma mão contra a outra. – Isso até que tá ficando interessante.

– Podemos falar dos filósofos Parmênides de Eleia, que também veio da Magna Grécia, Heráclito de Éfeso, que veio da Jônia, Empédocles de Agrigento, na Sicília...

– Eu me lembro bem de Parmênides – gritou Enelau, levando os dois braços. – Parmênides dizia que *"Nada nasce do nada e nada do que existe se transforma em nada"*.

– Com exceção de você – zombou Calístenes.

– E infelizmente você é a exceção do pensamento de Heráclito, não é Calístenes? – revidou Enelau, que encarou o arrogante historiador.

– O que tem Heráclito? – Caio ficou curioso.

– Heráclito dizia que tudo flui, tudo está em fluxo e movimento constante, nada permanece igual. Mas isso ele dizia porque não conheceu o nosso amigo aqui.

– Eu já conheci Heráclito numa das minhas viagens – revelou

Caio. – Ele me disse isso pra mim também.

– O que quer dizer com "ele me disse"?

– Ora, Calístenes – Enelau cruzou os braços. – Não vê que Caio quis dizer que leu ou ouviu isso em algum lugar? Como você é tolo.

– Tolo? – Calístenes parecia mais uma vez cheio de si. – Se conhece Heráclito tão bem, Caio, então que tal agora você me dizer algo sobre Empédocles?

– Esse eu não conheci.

– Sabia – Calístenes caminhava fazendo pequenos círculos em volta dos dois companheiros. – Empédocles e outros são muito avançados para vocês.

– Tá, sabichão, por que você acha isso?

– Porque ele pensava que todas as coisas seriam misturas de terra, ar, fogo e água, mas em proporções variadas. Assim as diferentes coisas que existem seriam os processos naturais gerados pela aproximação e separação desses quatro elementos.

– E daí?

– Daí veio Leucipo e, principalmente, seu discípulo Demócrito com a revolucionária teoria atômica, de que todas as coisas são compostas de uma infinidade de partículas minúsculas que se movimentam no vácuo. São tão pequenas que são invisíveis ao olho humano, sendo todas elas eternas, imutáveis e indivisíveis. Ele chamou essa unidade mínima de átomo, que no grego significa "indivisível".

– Não acredito! – Caio encarou os dois como se os vissem pela primeira vez. – Verdade que o cara falou isso?

– Eu imaginava que algo assim – sorria Calístenes, como se tivesse derrotado de vez os dois.

– Que coisa! Eu não imaginava que alguém tão antigo já tinha esse tipo de ideia. E pensar que tudo começou com filósofos!

– Sei que parece inacreditável, mas acho que posso explicar. Para Demócrito, as transformações que se podem observar na natureza não significam que algo realmente se transforma. Tudo é formado por átomos, tudo resulta da combinação, separação e recombinação desses átomos. Se um corpo qualquer, árvore ou animal, morre e se decompõe, seus átomos se espalham e são reaproveitados para dar origem a outros corpos.

– E como ele pôde afirmar isso? – indagou Enelau.

– Simples! Ele usava a "redução ao absurdo" – os outros dois olhavam um pro outro como se pedisse uma resposta. Calístenes percebeu e prosseguiu. – Tentem seguir a ideia dele: se as partículas fossem passíveis de desintegração e pudessem ser divididas em unidades ainda menores, e assim sucessivamente, então a natureza acabaria por diluir-se totalmente. Não acham?

– Ah, não – aborreceu-se Enelau. – Eu prefiro mais a Empédocles, de ar, terra, água e fogo, do que essa aí sobre teoria atômica.

– Não esquenta, Enelau. – Caio ostentava um sorriso maroto. – Essa história de átomo vai levar muito tempo para que ser provada.

– Por acaso você virou um vidente? – irritou-se Enelau. –

– Quem sabe?

Os três rapazes deixaram a conversa para trás assim que começaram a ouvir as ameaçadoras trovoadas anunciando mais uma vez a intensa chuva disposta a expulsar o exército de Alexandre daquela região.

12. Os Mestres de Atenas

O homem livre é senhor de sua vontade e somente escravo de sua própria consciência.

Aristóteles.

Choveu pela tarde e a noite toda, mas, no dia seguinte, o tempo amanheceu claro, o sol voltou a aparecer e, assim que o solo ficou mais seco, os três amigos aproveitaram para sair para uma nova caminhada.

– Enelau, você já enviou meus últimos trabalhos para Aristóteles? – indagou Calístenes, andando entre Caio e o pajem.

– Ainda não. Com essas chuvas, Alexandre está dando prioridade somente à correspondência dele.

– Claro, os meus trabalhos podem esperar. Tudo que estou registrando não terá nenhuma serventia para meu tio, e o livro sobre as expedições de Alexandre jamais conhecerá a biblioteca do Liceu.

– Afinal, onde fica o Liceu? – interrompeu Caio.

– Fica em Atenas, conhece a cidade?

– Sei lá. Alguma coisa básica, que meu professor de História disse. Ele sempre gosta de repetir que Atenas foi o berço da democracia e o maior centro das artes, ciências e filosofia do mundo, com realizações culturais e políticas inigualáveis. Ah, sim, ele também diz que é onde foi fundada a Academia de Platão. É o que sei.

– Sim, nisso seu professor infelizmente tem razão – lamentou o historiador. – Atenas foi o berço da democracia, depois perdeu muito de sua força, mas ainda é o maior centro cultural do mundo. Atenas era a mais poderosa cidade-estado de todo o mundo grego. Realmente foi lá que a democracia nasceu há uns duzentos anos, junto com a ascensão econômica da cidade, que tinha se tornado a maior potência naval e o centro de comércio marítimo mais importante de todo o mar mediterrâneo.

– Nessa época, Atenas e Esparta foram aliadas para repelir o enorme exército persa – lembrou Enelau. – Os persas tinham invadido a Grécia com a desculpa descarada de castigar os gregos por terem ajudado as cidades da Jônia contra a dominação persa.

– Como os gregos sofreram – ressaltou Calístenes, chateado. Aos poucos foi se animando. – Mas tudo mudou quando a frota ateniense impingiu uma fragorosa derrota à armada persa. Isso acabou de vez com a invasão.

– E daí veio a idade de ouro: um esplendor cultural como nunca se vira em nenhum lugar do mundo. Foi a época que começou a apresentar as divinas peças de Ésquilo, Sófocles, Eurípides...

– Teatro é sempre bom! – disse Calístenes com um leve sorriso. – Mas bom mesmo foi o surgimento de um bando de bons historiadores. Tinha Heródoto, Tucídides... E aí também tinha o grande filósofo Sócrates.

– A coisa que mais gosto de Atenas é ficar admirando a Acrópole e o Parthenon. Quem me dera estar lá agora.

Enelau disse aquelas palavras como se estivesse a ver as famosas construções a sua frente. Caio ficou imaginando, pelos olhos do pajem, como elas eram em seus tempos áureos, já que, em sua época, as construções eram ruínas, mas, mesmo assim, ainda atraiam turistas, milhões deles. Enquanto isso, Calístenes estava a olhar para o céu, observando as nuvens que começavam a se acumular.

– Atenas foi tão linda – Calístenes entoou aquelas palavras de forma nostálgica. – Aquela guerra do Peloponeso, entre Atenas e Esparta, acabou com tudo.

– Também, como a cidade iria sobreviver sofrendo tanto! Vinte e sete anos de guerra são para acabar com qualquer um. As outras cidades que se envolveram também levaram a pior.

– Alguém se saiu bem nisso tudo? – lançou Caio.

– Saiu, sim – respondeu Enelau, com os punhos cerrados. – Os espartanos venceram. Malditos sejam!

– E então acabaram a filosofia e as artes em Atenas – deduziu Caio.

– O que é isso? – protestou Calístenes. – É claro que Atenas conseguiu se reerguer.

– Custou, mas se recuperou aos poucos – completou Enelau. – Foi aí que apareceu Sócrates, que veio com a ideia de que o indivíduo que adquirisse o conhecimento perfeito seria bom e feliz.

– Tá aí uma coisa que acho que não funciona – duvidou Caio. – Acho que, se fosse assim, as pessoas ricas e os políticos não teriam tantas faltas morais, afinal, muitos deles são cultos e inteligentes.

– Ah, isso é porque não basta acumular conhecimentos – retrucou Calístenes, apoiando a mão num tronco de árvore. – Meu tio diz que acumular conhecimentos não faz de um homem um sábio. E Sócrates dizia que tem que ser uma busca simultânea do conhecimento e da bondade, e deve começar pelo exame profundo de si mesmo e de suas crenças e valores.

Os três estavam a observar o local que ainda demonstrava os fortes estragos das chuvas. Mais adiante, a floresta parecia mais ameaçadora do que nunca e deixava Caio com vontade de se aventurar por lá.

– Ei – gritou Calístenes para Caio, que já se afastava dos dois. – Aonde pensa que vai?

– Eu acho que ouvi alguma coisa. Parecia ser alguém pedindo socorro.

– Quem vai pedir socorro vai ser você se entrar aí na floresta – preveniu Enelau. – Um grupo de batedores chegou ontem dizendo que um aldeão da vila próxima tinha sumido. O pessoal tá achando que o sujeito foi vítima de algum tigre faminto.

– É melhor ficarmos perto do rio – aconselhou Calístenes, já andando para perto da margem acompanhado por Enelau.

– Ah, que droga – reclamou Caio, seguindo os dois. – Andando pela margem não vou nunca saber o que era o tal barulho.

– "T*udo o que sei é que nada sei*" – murmurou Calístenes próximo à margem.

– Disso eu não duvido, Calístenes – concordou o pajem diante do historiador, que esboçou total reprovação pelo comentário, mas, não querendo dar o gosto de vitória a Enelau, ignorou a provocação.

– Eu estava a recitar um dos pensamentos mais conhecidos de Sócrates. Assim ele dizia que tinha consciência de sua própria ignorância. Há algumas variações nesse pensamento, pois há quem diga que o correto era "*Tudo o que sei é que pouco sei*", e outros, que era "*Eu, quando não sei, não fico pensando que sei*".

– Não sei por que você o mencionou. Até parece que você é do tipo Sócrates, que, pra mim, sofria de uma modéstia exagerada.

– Você que não entende mesmo, não é Enelau? Eu admiro Sócrates justamente porque ele considerava que sua sabedoria era muito limitada e que daí ele deveria focar no autodesenvolvimento em vez de perseguir riqueza material. Ele incentivava as pessoas a se concentrarem mais na amizade e no senso de comunidade, e dizia que isso seria a melhor maneira de as pessoas crescerem juntas como uma população. Ressaltava que "*a virtude é a mais valiosa de todas as possessões, a vida ideal é dedicada à busca de Deus e o trabalho do filósofo é mostrar aos outros quão pequenos eles realmente são*". Sócrates defendia que virtude é conhecimento e as faltas morais provêm da ignorância. O indivíduo que adquirisse o conhecimento perfeito seria inevitavelmente bom e feliz.

– Ah, não! Não dá pra acreditar nisso – discordou Caio ao lado de Enelau. – Pelo menos, não pra todo mundo. Eu acho que adquirir conhecimento ajuda muito, mas há gente ruim para as quais isso não ajuda. Acho que Sócrates foi ingênuo e otimista demais com as pessoas.

– Também não é assim – rebateu Calístenes. – Não é simplesmente acumular conhecimento. É necessário passar pela meditação voltada ao conhecimento interior. Mas você não deixa de ter alguma razão, Caio. Os poderosos da cidade não gostavam das ideias de Sócrates e sua influência junto aos jovens, por isso acusaram-no de corromper os mais moços e levaram-no a julgamento.

– Ah, eu lembro quando Aristóteles nos contou sobre isso – revelou Enelau, apoiando as costas numa árvore cercada de um capim alto. – Pelo que ele disse, foi terrível. Sócrates foi condenado à morte por envenenamento, e ele mesmo deveria cumprir a sentença. O que mais me impressionou foi que o nobre filósofo a cumpriu com absoluta serenidade, tomando cicuta. Como puderam fazer isso com Sócrates? Condenado por corrupção? Logo ele, o defensor da ética e dos valores morais!

– Tudo o que sei é que nada sei – repetiu Calístenes. – Quem pode saber o que se passa na cabeça de cada um?

– E acabou Sócrates – lamentou Caio, sentando numa pedra.

– Sempre existem seguidores para um grande homem – sorriu Calístenes, contemplando o rio. – E no caso de Sócrates, quem continuou seu trabalho foi o seu discípulo Platão.

– E deve ter sido difícil – presumiu Enelau, arranjando um dos poucos lugares não enlameados para se sentar. – Aristóteles disse que Sócrates não deixou nada escrito.

– Isso foi ruim, mas, pelo menos, ninguém escreveu de forma tão bela como Platão, mesmo que, em sua obra, falte ainda o rigor, a precisão, o método e a terminologia científica que tanto caracterizam a obra de meu tio. Os impressionantes "Diálogos de Platão" cobrem uma gama ampla de assuntos, incluindo filosofia, política, lógica, ética, retórica e matemática.

– O seu tio foi discípulo de Platão, não foi? – indagou Enelau, com Calístenes confirmando com um aceno de cabeça. – Diferente de seu tio, Platão defendia a ideia de que a mulher deveria ter a mesma educação aplicada aos homens.

– É uma das poucas coisas de que discordo do meu tio. Eu vejo que existem mulheres que não deveriam ser consideradas inferiores aos homens.

– Como a Daphne? – comparou Enelau, reparando no rosto de Calístenes, que se tornou radiante.

– Por Zeus, ela é linda! – suspirou Calístenes, que logo se recompôs. – Que bom que Daphne teve a sorte de ter um pai com uma mente tão aberta quanto a de Platão.

– Ela é rara – continuou Enelau a provocar o enamorado. – Eu acho até que as aulas ficariam mais atraentes com a presença de garotas como Daphne.

– Com o tempo, isso vai mudar bastante – garantiu Caio. – Podem acreditar, elas vão frequentar escolas e vão trabalhar em cargos importantes. Até vão chegar a se tornar grandes líderes.

– Também não precisa exagerar, não é? – discordou Calístenes, rindo.

– Eu não sei quanto às mulheres como líderes – comentou Enelau com um olhar perdido. – Mas será que os filósofos teriam talento para governar? Ou será que eles acabariam sendo corrompidos? Afinal, a gente sempre ouve falar que o poder corrompe.

– Vocês já ouviram falar do "Mito da Caverna", ou melhor, "Alegoria da Caverna"? – perguntou Calístenes, que só viu os dois companheiros balançando a cabeça em negativa. – Essa "Alegoria da Caverna" fala sobre prisioneiros que, desde o nascimento, vivem presos em correntes numa caverna e passam todo o tempo olhando para a parede do fundo, que é iluminada pela luz que vem de uma fogueira. Nessa parede, são projetadas sombras de estátuas representando pessoas, animais, plantas e objetos, mostrando cenas e situações do dia a dia. Os prisioneiros ficam dando nomes às imagens, que são sombras. Ficam ali analisando e julgando as situações. Então Platão propõe que imaginemos que um dos prisioneiros saia das correntes e vá explorar o mundo externo. Ao sair da caverna e entrar em contato com o mundo real, ficaria encantado com os seres de verdade, com a natureza, com os animais, e tudo o mais. Perceberia que passou a vida toda analisando e julgando apenas imagens projetadas por estátuas. Voltaria para a caverna para contar tudo o que viu lá fora para seus colegas presos. O que você acha que aconteceria, Caio?

– O pessoal jamais iria acreditar nele.

– Por quê?

– Por mais simples que possa parecer para nós, para os prisioneiros, o que o outro viu seria algo fantástico demais, não é isso?

– Isso mesmo – concordou Calístenes, satisfeito. –Ao contar tudo o que viu ele foi ridicularizado, chamado de louco e suas ideias, consideradas absurdas, pois seus colegas só conseguiam acreditar na realidade que enxergavam na parede iluminada da caverna. Agora, Caio, diga-me, o que Platão quis dizer com a alegoria da caverna?

– Hum! Talvez ele queira dizer que nós, seres humanos, temos uma visão distorcida da realidade, tal como aqueles prisioneiros.

– Pegou a ideia. Nós também enxergamos e acreditamos apenas em imagens que não representam a realidade, tais como aquelas projetadas na parede da caverna, criadas pela cultura, conceitos e informações que recebemos durante a vida. Então, para conhecer a realidade, devemos nos libertar destas influências culturais e sociais. Devemos sair da caverna e desbravar o mundo, mesmo que seja uma tarefa árdua, não acham?

– É claro que sim – apoiou Enelau. – Acho que todos nós estamos começando a sair dela. – os três riam, descontraidamente, quando um estranho som ecoou. Enelau voltou-se para trás e olhou fixamente para uma sombra furtiva camuflada pela grama alta.

– Enelau – sussurrou Caio, levantando-se da pedra com cuidado para não provocar movimentos bruscos –, afaste-se, agora, bem devagar.

O pajem, calmamente, fez menção de querer agachar-se para alcançar um galho caído no chão. O vulto parecia cada vez maior e ziguezagueava para despistar.

– Para onde ele foi? – murmurou Calístenes, que olhava para toda aquela vegetação de onde, naquele momento, só se ouvia o vento.

– Eu não sei – Enelau estava tenso, pressentindo o ataque que, de súbito, o golpeou.

Ao perceber que estava sendo atacado por um tigre, Enelau começou a lutar. Ele afundou os calcanhares na lama e colocou os dedos embaixo da mandíbula do animal. Os dentes afiados da fera resvalaram sobre o ombro direito do pajem. O rosto contorcido de Enelau revelava toda sua força, estava decidido a não se dar por vencido, nem em pensamento. O animal parecia ter o intuito de arrastar sua presa para o rio, mas o solo enlameado dificultava a ação, fazendo as patas perderem o equilíbrio. Enquanto prosseguia a luta pela vida, Caio começou a jogar todas as pedras que encontrava ao redor e, ao mesmo tempo, tratava de gritar. Calístenes, apesar de meio atordoado, imitou a iniciativa de Caio. Toda aquela agitação acabou por desencorajar o grande animal. Sem demora, os dois salvadores agarraram Enelau e puseram-se a correr o máximo que as pernas trêmulas dos três assustados amigos permitiam.

– Você está ferido? – perguntou Caio, recuperando o fôlego.

– Não, acho que não – Enelau falava com dificuldade, quase desmaiando. – mas, da próxima vez, eu quero ficar bem quietinho dentro da caverna.

13. O Mestre da Lógica

A educação é um adorno na prosperidade e um refúgio na adversidade.

Aristóteles.

Ao chegarem ao acampamento, os três rapazes logo relataram o ocorrido para Alexandre e seus homens, que decidiram aumentar a vigilância. Depois de Enelau ter seus arranhões tratados por Daphne, o trio de amigos foi para a tenda de Calístenes. Quando estavam para entrar, um soldado aproximou-se do historiador, entregou-lhe uma grande caixa de madeira e depois se retirou.

– O que é isso? – perguntou Caio, enquanto Calístenes retirava a pele que envolvia a caixa.

– É do meu tio! – brilhavam os olhos de Calístenes.

– É melhor abrir lá dentro – sugeriu Caio, reparando nas nuvens negras já em formação de ataque.

– Vamos entrar, então.

Calístenes depositou a caixa em cima de uma mesa e retirou a tampa com cuidado, pois, com a viagem, o fecho encontrava-se emperrado. Finalmente, conseguiu abrir.

– O que foi que ele enviou desta vez? – questionou Enelau em cima do ombro de Calístenes.

– Que ótimo! – Calístenes se deparou com vários tipos de livros em forma de rolos de papiros e lia rapidamente os títulos de cada um.

– O que tem aí? – insistiu o pajem.

– Meu tio enviou seus primeiros estudos sobre os animais e as plantas que enviamos desta região – Calístenes continuou a revirar os rolos. – Que divino! Tem aqui também um dos volumes de *Politeía.*

– Politeía? – estranhou Caio o nome que era dado ao livro de Platão que chegou aos nossos dias com o nome de "República". – Do que se trata?

– É um diálogo socrático escrito por Platão em vários volumes.

– Qual é esse que você está lendo? – indagou Enelau, esforçando-se para pegar o rolo da mão de Calístenes.

– Esse aqui é o volume que conta o "Mito da Caverna".

– Ah, basta! – Enelau imediatamente desistiu do escrito e se pôs a coçar o curativo à base de ervas que Daphne havia feito. – Não quero mais ouvir nada. Só falta Aristóteles ter feito também mais uma versão sobre a tal caverna.

– Pode ficar tranquilo. Aristóteles há tempos distanciou-se das ideias de Platão, como se fossem dois mundos distintos. Para meu tio, só existe este mundo em que nos encontramos. Se o homem não consegue conhecer algo mais do que os seus sentidos lhe mostram, então é porque esse algo não existe ou, na melhor das hipóteses, não vale a pena ser conhecido, e por isso não é nada para nós.

– Eu não sei se concordo com Aristóteles – resmungou Enelau, contorcendo a boca. – Eu senti na carne a crua realidade e não acho que valeu tanto assim ter conhecido aqueles dentes, sem contar aquele maldito bafo.

– Eu acho que valeu, sim – discordou Caio. – Não é todo dia que a gente mostra tanta coragem.

– Até que você falou certo – Enelau abriu um sorriso. – Eu fui um grande guerreiro hoje, não fui? Mas eu tenho que admitir que estou muito feliz por ter podido contar com vocês. Foi graças a Zeus!

Calístenes desenrolava com cuidado outro papiro.

– Do que se trata esse aí? – perguntou Enelau.

– Este aqui, pelo jeito, trata de educação. Leia só esta frase aqui de

Platão: *"A educação deve propiciar ao corpo e à alma toda a perfeição e a beleza que podem ter"*.

– Gostei dessa outra – apontou Enelau para outro canto da página. – *"Não eduque as crianças nas várias disciplinas recorrendo à força, mas como se fosse um jogo, para que também possa observar melhor qual a disposição natural de cada uma"*.

– Realmente – Caio estava bem impressionado. – Platão é mais avançado do que muita gente que conheço. Demais!

Calístenes gesticulava o dedo no ar como se estivesse a fazer uma espécie de anotação.

– O que está fazendo, Calístenes? – Caio aproximou-se.

– Só estou memorizando uma frase que quero dizer para Alexandre. Essa ele merece – o historiador mostrou a obra para Caio, que leu: *"Praticar injustiças é pior que sofrê-las"*.

– Essa é boa – apoiou Caio –, mas, se eu fosse você, não provocaria mais Alexandre.

– Eu sei o que faço.

– Você deveria escutar Caio – aconselhou Enelau. – Você pode ter o mesmo fim que Clito, o Negro.

– Quem é esse Clito? – interessou-se Caio.

– Era um grande amigo de Alexandre – disse Enelau num tom triste. – Durante um banquete, Clito mostrou-se indignado porque Alexandre não impediu que alguns presentes continuassem a fazer piadas sobre os soldados e sobre o próprio rei Filipe. No meio da discussão, Clito acabou dizendo a Alexandre que ele não seria nada se o pai dele não tivesse antes aberto o caminho para tantas conquistas. Alexandre já estava muito bêbado e levantou-se da mesa, empunhando a espada contra Clito. Alguns impediram Alexandre, tirando-lhe a espada, mas Clito voltou a discutir e, dessa vez, ninguém conseguiu conter a fúria que tomou conta de Alexandre, que pegou uma lança das mãos de um guarda e arremessou-a contra Clito. Pobre Clito, caiu morto aos pés de Alexandre. Quando Alexandre viu o que fez, ficou transtornado. Em um impulso, arrancou a lança do corpo de Clito, tentando com ela se matar. Conseguiram impedi-lo, e aí Alexandre começou a urrar de tanta dor, de tanto remorso. Durante três dias, ele ficou junto ao cadáver do amigo, que, na batalha de Grânico, tinha salvado a sua vida.

– Que tragédia! – lastimou Caio, incrédulo.

– Horrível mesmo – ressaltou Calístenes, voltando a olhar os livros. – Não foi a primeira e nem vai ser a última. Alexandre deveria ir para Atenas e reaprender tudo com Aristóteles. Veja aqui, Caio, esses títulos aqui. Nenhum outro filósofo atua em assuntos tão diferentes quanto o meu tio.

Caio ficou impressionado ao constatar que os escritos abrangiam: física, retórica, ética e governo, biologia, botânica e zoologia, psicologia e sociologia, e até música, poesia e drama.

– São várias fontes do saber – prosseguiu Calístenes com um ar de orgulho. – Ele está realizando a sistematização das ciências, organizando-as conforme seus métodos e abrangência.

– Aristóteles, o mestre da lógica.

– Ele é o sublime mestre da lógica, seu grande organizador, dando uma base sólida às pessoas para conhecer as formas válidas e inválidas de pensamento. Para Aristóteles, a lógica é um instrumento, uma introdução para as ciências e para o conhecimento. Mas há muito mais na filosofia de Aristóteles, como, por exemplo, você sabe o que é "Metafísica"?

– Hum! Isso parece significar além da física, mas e daí?

– Metafísica é aquilo que está além das realidades físicas que possuem fácil e imediata apreensão sensorial, ou seja, estuda os princípios da realidade para além das ciências tradicionais. Por isso Aristóteles a chama de "Primeira Filosofia". A Metafísica busca dar explicações sobre a essência dos seres e as razões de estarmos no mundo. Outro campo de análise da Metafísica são as relações e interações dos seres humanos com o Universo. Ela levanta e analisa questões como: O que é realidade? O que é a vida? O que é natural? O que é sobrenatural? O que nos faz essencialmente humanos?

– *"Ser ou não ser, eis a questão"* – recitava Caio como se estivesse atuando na futura peça de Shakespeare, "Hamlet". – Hum, no caso do seu tio, eu diria "Ser enquanto ser, eis a questão".

– Gostei – disse Calístenes, já anotando. – Vou dar essa deixa para o meu tio.

– Uma tragédia Alexandre ser tão impulsivo – condenou Enelau. – Ele deveria pensar mais e controlar-se mais, antes de matar amigos.

– Você tá brincando! – surpreendeu-se Caio. Alexandre matou mais amigos?

– Matou, sim – Calístenes voltava à carga com uma voz cheia de raiva. – Anos antes da morte de Clito, Alexandre descobriu uma conspiração para matá-lo e executou o general Filotas, filho do velho Parmênio, que era oficial desde a época do rei Filipe. O pobre pai nem teve tempo de lamentar a morte. Logo em seguida, Alexandre também mandou matar o próprio Parmênio.

– Ser equilibrado talvez seja o principal ensinamento de Aristóteles – definiu Enelau. – Ele sempre diz que a virtude está no meio-termo, estado que ele considera o ideal. Assim, algumas pessoas são muito tímidas, outras muito audaciosas. A virtude é o meio-termo, e o vício se dá ou na falta ou no excesso, por exemplo: coragem é uma virtude e seus contrários são a temeridade, que é o excesso de coragem, e a covardia, que é a ausência de coragem, e nenhum desses estados extremos é bom. Acima de tudo, é preciso evitar a precipitação. Aristóteles diz que o homem comum é governado por seus sentimentos, suas emoções, e acaba se precipitando, faz julgamentos apressados e, depois, vem o arrependimento.

Calístenes calou-se ao reparar numa pequena carta junto a um dos escritos. Ele a pegou e começou a ler.

– O que foi? – quis saber Enelau. – Alguma coisa ruim?

– Muito pelo contrário – respondeu Calístenes. – Meu tio está me informando que a grande biblioteca dele está sendo muito visitada. Ele também conta que o grande jardim que ele montou para criar animais de várias espécies, aqueles que Alexandre enviou durante nossa expedição, está fazendo muito sucesso, com a ida de pessoas de várias cidades.

– E tudo isso graças a Alexandre. Parece que o dinheiro que Alexandre envia para os custos do Liceu está dando frutos. – Enelau olhou para Calístenes para ver se havia surtido efeito aquela provocação.

– Claro! – rebateu Calístenes com um sorrisinho no canto da boca. – E você poderia ajudar Alexandre a capturar aquele tigre de hoje para a coleção de Aristóteles.

Enelau bufou de raiva, enquanto Calístenes, satisfeito, continuou a ler. Aos poucos, os olhos do historiador se entristeceram.

– O que foi agora? – preocupou-se Caio.

– Meu tio já está fazendo planos para a futura biblioteca de Alexandria no Egito. Ele tem a ideia de fazer um polo cultural reunindo manuscritos de todas as partes do mundo conhecido. Quer contar com professores de medicina, astrologia, matemática e outros mais. Ainda planeja criar um jardim para os animais do mundo todo. – Calístenes parecia cada vez mais desanimado. – Pobre tio! Quando ele souber que Alexandre nem fala mais sobre isso...

– Não, não! Vai dar tudo certo – protestou Caio, descontrolado. – Vai por mim, a biblioteca vai ser a maior do mundo antigo. Será admirada por todos os povos, será o centro do conhecimento por muitos séculos. Será iluminada pelo farol de Alexandria, que será uma das sete maravilhas do mundo!

– Ah! – zombou Calístenes. – Você acredita mesmo nesse futuro?

– Acredito tanto que isso vai acontecer quanto o fato de estar aqui com vocês agora. É tudo uma questão de tempo.

14. O Desespero dos Soldados

Eu não temeria um grupo de leões conduzido por uma ovelha, mas eu sempre temeria um rebanho de ovelhas conduzido por um leão.

Alexandre, o Grande.

Alexandre conquistou mais cidades, nas quais se fizeram mais mortos e prisioneiros. A trilha de sangue ficou mais extensa. Mais adiante, o enxame de soldados do monarca macedônio devastou a cidade de Sângala, às margens do rio Hidraotes. Suas grandes muralhas não puderam impedir a morte de milhares de indianos.

Calístenes continuava a documentar os acontecimentos com o máximo de detalhes, mas as chuvas pesadas apodreciam os papiros e a tabuleta de madeira que usava como apoio. As penas utilizadas para a escrita também estavam encharcadas. O jeito era tentar secar tudo com a ajuda das cinzas, enrolar os papiros com cuidado e guardá-los em sacos de peles de antílope. Sua saúde também se encontrava a cada dia mais debilitada. O médico Felipe estava pessoalmente cuidando do caso.

Na semana seguinte, as tropas avançadas fizeram um grupo de homens prisioneiro e, durante o interrogatório, o conquistador teve a triste revelação de que nem o rio Indo e nem o rio Hidaspes possuíam qualquer ligação com o Nilo. Alexandre ficou sabendo que aquelas águas o levariam para um "Mar Imenso", como os indianos o chamavam.

A decepção cobriu a todos. Foi uma questão de dias para o soberano constatar que poderia perder o controle de seus subordinados. A maioria dos homens retratava o mais terrível dos males: a pura miséria. Imersos na lama até os joelhos, roupas estraçalhadas, com barbas e cabelos povoados por piolhos, olhos avermelhados, corpos infestados por feridas causadas por lanças, espadas, flechas, fogo, mordidas de cobra, crocodilos... E, para piorar, sofriam com febres pestilentas, gangrena e dores agudas no estômago. A revolta era iminente, e Alexandre temia ser abandonado. Mesmo assim, a marcha infernal continuou. Quando avistaram as margens do rio Hifasis, o último dos afluentes que os separava da tão sonhada região misteriosa daquela parte da Índia só imaginada nos livros de lendas, o rei achou que fosse o momento ideal para discursar e ressuscitar o moral dos guerreiros.

– Meus companheiros, estamos nos aproximando de maravilhas nunca vistas por nenhum grego. De povos que nem imaginamos como vivem. Uma grandiosa aventura que não existe nem nas lendas de nossos deuses. Pode ser que estejamos prestes a descobrir que tudo é possível. Olhem a sua volta e contemplem o imponente território que nos espera, com os seus tesouros. Essa será a nossa grande vitória. Basta darmos o último passo.

Todos ficaram em silêncio. Olharam em volta e só viram chuva, relâmpagos, selva, mosquitos... Todos estavam encolhidos. Não se sabia se era por causa do frio, ou do medo de serem picados por serpentes ou de serem mordidos por crocodilos, certamente as maravilhas do local.

Alguns comandantes se organizaram e formaram um grupo para representar a categoria. Diante do conquistador, ninguém ousava dizer uma palavra, esperando que um deles tivesse a coragem de se pronunciar. Então, um dos oficiais, não suportando mais, pôs-se a mostrar suas reivindicações e as dos companheiros.

– Escute, Alexandre! Viemos até aqui e estávamos dispostos a desbravar essas terras com você nos liderando. Marchamos, superamos os desertos, os pântanos, as montanhas... Mas, com essas condições atuais, é impossível. Isto aqui está completamente fora das expectativas.

– Mas o que está havendo, Coinos? – indignou-se Alexandre. – O que vocês esperavam?

– Ora! Sabíamos dos riscos, no entanto você tem que admitir que nossos planos jamais previram essa chuva ininterrupta, essa lama, esses ataques de cobras, de tigres e muito menos de crocodilos.

Crátero tentou apoiar o amigo soldado:

– Estamos há dias andando com lama até os joelhos, sem poder dormir, com medo de sermos engolidos por alguma fera. A maioria dos companheiros que vieram de nossa terra deixou os ossos na estrada. Desse jeito, não sobrará ninguém para espalhar seus feitos.

– Aguentamos tudo – argumentou Ptolomeu. – Carros de guerras, espadas, lanças, mas elefantes!

– Não existe lugar no meu peito sem cicatrizes – rebateu Alexandre. – Eu já fui ferido por espada, lança, flecha ou atingido por golpes lançados por catapultas. Sempre lutei com vocês ou até mesmo avancei sozinho. Fui ferido inúmeras vezes, o que quase me levou à morte, e tudo isso sofri por vocês. Para que conquistassem a glória e a riqueza, eu sobrevivi.

– Mas isso já é demais! Nós somos mortais! Quando nos alistamos no exército, isso não estava previsto. Olhe a sua volta, Alexandre! Nem Hades, o deus dos mortos, viria aqui nos buscar. Se seu plano era achar o fim do mundo, você pode acreditar, já achou!

O rei enfureceu-se e rechaçou com uma voz carregada de ira. – Isso é uma insubordinação!

– Não! – revidou Hefestion. – Isso é uma intimação. Ou volta conosco ou, então, vá sozinho!

Indignado, Alexandre expulsou os insubordinados e isolou-se na sua tenda. Nem mesmo Roxana ousou perturbá-lo. Os revoltosos ficaram furiosos com a prepotência do líder.

15. As Cartas

A principal qualidade do estilo é a clareza.
Aristóteles.

Dois dias se passaram. Numa manhã, os reforços vindos da Macedônia alcançaram-nos trazendo mantimentos, remédios, roupas, mas nada de vinho.

Um mensageiro trouxe as encomendas e também duas cartas para o rei. Caio se prontificou a levá-las ao isolado na tenda, mas o pessoal acabou dando o serviço para Péritas, o fiel cachorro de Alexandre.

O rei, coberto de suor, bebia um bom gole da "caneca de Nestor" quando as recebeu. A primeira era de Aristóteles:

Salve, Alexandre

Antes de tudo, quero agradecer-lhe o envio de material de estudos naturais. Estou fascinado com a fauna e a flora da Índia. Como essa natureza é bela! Montei um setor de ciências e tenho compartilhado a novidade com os meus alunos. Quero ver o Liceu dedicado também à pesquisa das Ciências Naturais e já estou escrevendo muitos livros sobre o assunto.

Tenho examinado diversos organismos, dissecado animais e observado o comportamento de vários tipos de seres vivos, sua reprodução e os processos físicos e químicos que ocorrem dentro de cada organismo.

Estou fazendo um sistema de classificação dos animais. Acredito que eles possam ser caracterizados segundo sua maneira de viver, seus costumes e suas partes anatômicas.

Estudando as ciências naturais, cada vez mais percebo que há algo de maravilhoso em todas as formas vivas. Quanto mais eu conheço o mundo mais eu percebo como ele é complexo, grande, rico e belo. Cada vez mais me convenço de que Deus está presente em tudo, como um ser incorpóreo acima da compreensão humana, uma inteligência suprema...

Assim me aproximo do ideal de felicidade, que não está ligado aos prazeres ou às riquezas, mas à atividade prática da razão. A capacidade de pensar é o que há de melhor no ser humano, uma vez que a razão é nosso melhor guia e dirigente natural. Se o que caracteriza o homem é o pensar, então esta é a sua maior virtude e, portanto, reside nela a felicidade humana. Em todos os seus atos, o homem deve orientar-se necessariamente pela ideia do bem e da felicidade.

Alexandre, notícias que me chegaram às mãos têm me deixado muito preocupado. Você deve controlar esse seu gênio, pois, às vezes, submetido a enormes pressões ou sob o efeito de bebedeira, você fica fora de si e age como um déspota. Controle-se, meu querido discípulo! Lembre-se das nossas discussões sobre governar com sabedoria, considere que seus companheiros de lutas são leais e capazes de tudo para segui-lo, mas eles também têm seus limites, e você está exigindo deles muito além dos limites humanos. Se continuar assim, a situação pode chegar ao ponto de explodir uma revolta que será uma verdadeira tragédia grega.

Você sabe o quanto eu o estimo e espero que entenda o meu conselho e volte a sua pátria para cuidar de tudo o que já conquistou e, principalmente, para descansar e recompor suas forças. Não se exponha mais a inútil perigo.

Seu amigo, mestre Aristóteles.

P.S.: Continue cuidando do meu sobrinho Calístenes. Aposto que vocês estão se dando muito bem.

Alexandre ficou avaliando aquelas frases, depois leu a segunda carta, remetida por sua mãe Olímpia:

Salve, divino filho

Estou muito preocupada com você, meu filho, com seus excessos e bebedeira; assim você está ficando igualzinho ao seu pai. Filho, seu corpo tem limites e precisa de descanso.

Estou honrada ao vê-lo realizar nosso sonho: atingir o coração da Índia. Você me disse que o próximo passo é conquistar a península arábica e depois voltar ao ocidente e conquistar a Europa, tudo para levar a nossa avançada civilização a esses povos bárbaros, mas, filho divino, escute a sua mãe que o ama muito. Se assim continuar se comportando, como se fosse infalível, não chegará a realizar seu sonho, e eu temo que seu império se desfaleça quando você se for desta vida para o reino dos imortais.

Lembrei-me de um sonho, em que você subia os degraus do Olimpo e era recebido por seu verdadeiro pai, Zeus.

É certo dizer que tive uma premonição sobre o seu futuro. Não voltará mais para mim, pois está para ocupar a cadeira a que tem direito, ao lado dos seus irmãos deuses.

Só espero que não se esqueça de sua promessa. Já encontrou um novo e valoroso marido para a sua irmã Cleópatra, rainha de Épiro, entre esses seus quarenta mil homens? Ela ainda está muito desconsolada com a morte do marido.

Espero que eu esteja errada com aquele meu sonho e que você volte para a sua família e cuide do que é seu. Está sendo muito difícil governar por aqui sem a sua presença.

Beijos de sua amada mãe, Olímpia.

Alexandre amaldiçoou o seu destino, tão perto e tão longe, ao mesmo tempo. Seu sonho de domínio total estava no outro lado do rio. Queria navegar pelo rio Ganges, tocar nos templos e pegar os tesouros relatados nas lendas. Tudo isso estava para ser perdido. Seria derrotado pela falta de ânimo de seu exército.

Com toda aquela tensão, atormentado pela decisão que seus homens o obrigavam a tomar, acabou vencido pela exaustão. Nesse momento, sentiu como se sua consciência estivesse sendo levada para outro lugar bem distante.

16. O Sonho

O sábio nunca diz tudo o que pensa, mas pensa sempre tudo o que diz.

Aristóteles.

Ao seu redor, agora, havia nuvens azuladas soltando leves faíscas. À sua frente estava uma construção com pilastras brancas ornamentadas com plantas douradas. Um pequeno rio de águas prateadas descia pelos degraus da escadaria feita de raios de sol. De repente, um vento forte, gelado e acompanhado por fortes trovoadas, quase o derrubou e, de dentro daquele fenômeno estranho, uma voz forte e tenebrosa ecoou:

– Finalmente chegou, meu filho.

– Quem é você? Mostre o seu rosto! – exigiu o rei.

– Não me reconhece, filho?

– É você? Meu pai? Filipe?

– Esse é seu pai mortal. Sou eu, Zeus, deus de todos os deuses. Quero agradecer-lhe por tudo o que tem feito por nosso povo. Tem sido fiel a sua palavra de fazê-lo crescer. Fazer a minha divindade se espalhar por todos os cantos.

Durante o diálogo com Zeus, surgiu uma chama ardendo intensamente, e do seu interior veio outra voz.

– Ah! Chegou o infiel. O homem, o bárbaro que deu a ordem de queimar Persépolis. Usou o fogo, meu símbolo sagrado. Destruiu um lugar planejado em minha homenagem. Não passa de um dos demônios enviados pelo deus das trevas, Arumã. Ele que, eternamente, me inveja.

– Controle-se, Ahura! – Zeus, agora, era a figura de um homem, mais velho e de barba branca. Ele vestia uma túnica branca com uma coroa de ouro e estava sentado atrás de uma bancada dourada segurando um martelo em forma de um raio.

– Vinguei-me em nome dos gregos – justificou o mortal. – Sou o vingador, pois tive ao meu lado o direito de revidar a crueldade de Xerxes. Ele transformou em fogueira a Acrópole de Atenas, acabou com tudo, deixando o povo sem nada, só lhe restando fugir.

– É verdade! – confirmou uma coruja branca pousada numa árvore carregada de maçãs de ouro ao lado da bancada. A ave irradiava uma luz azulada muito suave.

– Atena! – zangou-se Zeus. – Minha filha, ainda não pode fazer nenhuma declaração.

– Mas, pai, é verdade! – insistiu a coruja. – Eu estava lá. Foi o rei persa quem arrasou com os nossos templos no topo da colina rochosa situada no coração da cidade. Eu sou uma testemunha ocular. Ahura não pode estar sofrendo com a perda de Persépolis mais do que eu sinto pela minha perda.

– Persépolis destruída! – um enorme falcão saindo de uma espécie de sol avermelhado sobrevoou as escadarias, até se transformar num homem, mas com a cabeça de um carneiro. – Ah, estava na hora dos persas sentirem na pele os sacrilégios cometidos.

– Amon! Até que enfim você apareceu! – alegrou-se Zeus, que parou bruscamente ao sentir um forte cheiro e, em seguida, reclamar. – Que coisa horrível é essa?

Todos os presentes começaram a sentir algo forte no ar se espalhando no recinto.

– Ah! – Amon, sentindo que o cheiro vinha dele, ficou muito sem graça e confessou. – Acho que terão que me perdoar. Acabei de vir do meu templo em Siwa e... Parece que os sacerdotes ainda não resolveram o problema.

– Que problema? – perguntou Zeus, tapando o nariz.

– Nas imediações do meu templo, existe um pântano salgado e, quando caem relâmpagos, as descargas elétricas provocam uma reação na substância escura do pântano, resultando nesse cheiro. – Amon tentava desesperadamente ventilar suas vestes para disfarçar o odor.

– Acho que você terá que exigir que os sacerdotes tomem sérias providências – sugeriu Atena. – Assim, você pode perder seu prestígio, e seus seguidores podem ir procurar outro deus. – Esse cheiro é capaz de até despertar defunto.

– E você acha que não reclamei! – irritou-se Amon, já mudando suas roupas com um gesto. – Aqueles mortais são terríveis. Imagine que, em vez de acabar com aquela terra suja alagada, eles ainda, para me homenagear, batizaram esse gás fedido de amoníaco.

– Não fique assim, Zeus. Você sabe que os mortais são estranhos. Você sabe que o que é meu é seu, Amon. Sempre poderá usar um dos meus templos. Não esqueça que, agora, em Atenas, já está funcionando um novo. Já deu uma olhada nele? Parece que, para construírem essa obra, gastaram uma fortuna dos cofres públicos, aumentaram os impostos e... – Ahura deu uma tossida para interromper a conversa, e Zeus, mesmo contrariado, acatou. – Afinal, o que você está fazendo, aqui, neste tribunal tão longe do Egito, Amon?

– Vim ajudá-los no julgamento. Vim para ajudar a defesa.

– Objeção! – Ahura fez as pilastras tremerem aumentando suas chamas. – Não estava prevista a presença dessa testemunha de defesa. Eu me oponho a sua permanência aqui. Suas declarações são irrelevantes ao processo.

– Irrelevantes! – irritou-se o deus egípcio. – Quer dizer que não posso relatar os grandes sacrilégios cometidos contra meu povo? Você chamou Alexandre de bárbaro, mas como define o ataque covarde do rei persa Cambises? Ele ousou proteger seu exército das flechas egípcias fazendo os nossos animais sagrados de escudo.

– Não há lei que impeça essa estratégia – rebateu o persa. – O faraó teve a chance de reagir.

– Reagir como? Mas é óbvio que o faraó se resignaria, deixando os invasores tomarem conta dos templos. Vocês nem imaginam a minha ira quando soube que o próprio rei persa arrastou o touro sagrado de Ápis e o matou diante de todos. Tive muito trabalho em provocar uma tempestade de areia para enterrar no deserto todo aquele exército de Cambises que rumava para o meu templo a fim de destruí-lo. – Ahura se manteve em silêncio. Amon, mais calmo, prosseguiu com sua defesa. – Alexandre foi o nosso salvador quando lutou contra os persas e nos libertou do seu domínio. Tantos anos pagando aqueles pesados tributos. Ele é diferente, Alexandre respeita nossas tradições, por isso eu revelei aos oráculos que o queria como um amigo na Terra.

– Amigo, não! – protestou Alexandre. – O sacerdote disse que você me queria como seu representante na Terra.

– Aqueles sacerdotes exagerados – zangou-se Amon.

– Eu protesto! – a chama aumentou, alcançando um tom vermelho. – Esse julgamento deve ser anulado!

– Baseado em quê, Ahura? – questionou a deusa da sabedoria.

– Este tribunal não é imparcial. Até o juiz deve ser invalidado. Ele mesmo, no início, declarou sua afinidade com o réu.

– Eu aceito seu protesto sobre o meu parentesco com o acusado – concordou Zeus –, mas quem irá presidir?

– Eu já sei! – Atena, agora, tinha se transformado numa mulher de cabelos negros, usava uma túnica azul com uma couraça e um elmo dourado e carregava uma lança. – É o único deus que ainda não teve contato direto com Alexandre. Eu invoco o deus da sabedoria cósmica.

O som de uma melodia, tocada por uma cítara dourada, espalhou-se, como se fosse uma leve brisa fresca exalando um aroma de jasmim.

Uma luz dourada e forte iluminou as escadarias. De dentro do rio, surgiu um ser tal qual aquele ídolo no templo do reino de Poros, mas agora possuía apenas dois braços e segurava um tridente vermelho e amarelo nas pontas. Ele sorriu e fez uma prece:

– Que a paz volte a reinar aqui no monte Olimpo. Que a luz ilumine suas mentes.

– Salve, Shiva! Que a luz traga a verdade – completou Atena.

– Está satisfeito, agora, Ahura? – indagou Zeus.

– Ainda não! – o divino fogo suavizou suas cores. – Onde está o defensor?

Alexandre estava intrigado e, no momento que se dirigia ao tribunal para anunciar que faria sua própria defesa, ouviu o relincho de um cavalo negro galopando atrás dele. Nele estava montado um rapaz, que só ao chegar mais perto o réu conseguiu identificar. Emocionado, Alexandre vibrou.

– Bucéfalo! Caio! Meus irmãos!

Caio desmontou e Alexandre o abraçou com força. Zeus ficou no meio da escadaria, cercado pelos outros deuses, levantou os braços e anunciou:

– Eu declaro aberta a sessão.

Com um simples gesto das mãos do deus grego, a paisagem mudou. Agora estavam todos dentro de um salão iluminado por uma luz verde, enfeitado com véus coloridos. Atena aproximou-se dos três irmãos e explicou:

– Alexandre está sendo acusado por Ahura Mazda de ter violado a sua cidade e destruído seu palácio, o mais rico de todos, em Persépolis. Ahura Mazda exige que o réu seja sacrificado. Contudo, se o acusado pedir clemência, assumindo sua culpa, ele o deixará retornar para casa com os seus homens. Ele ainda exige como segunda condição que Alexandre dê a sua palavra solene de que irá construir outro palácio para homenageá-lo no mesmo local do anterior. Como você se considera? – Atena perguntou ao réu. – Culpado ou inocente?

O soberano não esperou e deu sua resposta.

– Eu alego que sou culpado, mas jamais pedirei perdão, pois não me arrependo de como agi. Posso até retornar, mas só porque os meus homens estão exaustos. Quanto a construir um novo palácio, não o farei. Estou pronto para morrer.

– Então não temos outra escolha, será executado.

– Não! – interrompeu Caio Zip. – Eu fui nomeado defensor do soberano de toda a Ásia. Exijo o direito de um duelo.

– Ele tem razão – apoiou Shiva. – Caio tem o direito de defendê-lo. Se vencer, estarão livres e terão que voltar para casa, mas, se perder... Aceito sua proposta. Lanço o meu desafio.

Shiva levantou o seu tridente, o Trishula, arma com a qual destrói a ignorância dos seres humanos. As três pontas representavam as três qualidades da matéria: tamas (a inércia), rajas (o movimento) e sattva (o equilíbrio). Ele apontou para o meio do salão, e um raio atingiu o chão, de onde apareceu uma enorme balança de dois pratos cercada por seis pérolas enfileiradas no chão.

17. O Grande Desafio

O verdadeiro discípulo é aquele que consegue superar o mestre.

Aristóteles.

– Esta é a balança do destino – Shiva pegou uma das pérolas, andou até o jovem e exibiu a joia. – Todas as pérolas têm o mesmo tamanho e a mesma tonalidade, mas somente uma tem o peso diferente das demais. Seu desafio é descobrir, usando a balança, qual delas é a diferente e se essa pérola é mais leve ou mais pesada que as outras. Uma observação: só poderá solicitar até três pesagens para desvendar a questão.

Caio ficou pensativo. Tirou o boné e, com as duas mãos, segurou os cabelos, assustadíssimo.

– Lembre-se, irmão – disse Alexandre, colocando a mão no ombro de Caio –, isso é apenas uma questão matemática, mas, acima de tudo, definirá quanto valem as nossas vidas.

– Mas tinha que ser matemática – reclamou o rapaz. – Não poderia ser outro bicho, não? Talvez enfrentar um monstro como uma Hidra ou uma Quimera...

Todos ficaram ali parados, até Caio decidir que tentaria solucionar o desafio.

– Como vamos resolver isso? – inquietou-se Caio. – Tem alguma ideia, Alexandre?

– Protesto! – gritou a chama avermelhada.

– O que foi desta vez, Ahura? – questionou Atena, cruzando os braços.

– Alexandre não pode ajudar o seu defensor.

– Mas é claro que posso. Eu não vou ficar aqui parado com a minha vida em jogo.

– Não pode, não!

– Ainda não entendeu, Ahura, eu posso tudo.

– Parem! – exigiu a deusa da sabedoria. – Tenho uma ideia para solucionar esse impasse. Alexandre poderá dar orientações sobre o caso, mas, se errarem, ambos morrerão.

– Se é assim, então eu concordo – disse o deus persa. – Vai ser ótimo ter duas almas no fim desta vingança. Podem continuar.

– E então, Alexandre, tem alguma "orientação" pra me dar?

– A única coisa que sei, Caio, por enquanto, é que o melhor é dividir as 6 pérolas em grupos.

– O que acha de separarmos duas pérolas em cada grupo? Assim, na primeira pesagem, se a balança se mantiver equilibrada, então a pérola diferente estará no grupo colocado à parte. Aí a gente só vai precisar pesar cada uma com outra pérola qualquer, e pronto.

– Caio, que ingenuidade! Você acredita que vamos ter tanta sorte assim? – irritou-se Alexandre. – Isso só aconteceria se os deuses estivessem todos do nosso lado. Será que você não entende que é a minha vida que está em jogo e que os deuses não vão facilitar em nada? Temos que pensar no pior.

Alexandre, sem paciência, solicitou que colocassem em cada prato duas pérolas.

– Tá vendo! O que foi que eu falei, a balança se desequilibrou. E agora? Como vamos descobrir qual é a pérola diferente e como saberemos se ela é mais leve ou pesada em apenas mais duas pesagens?

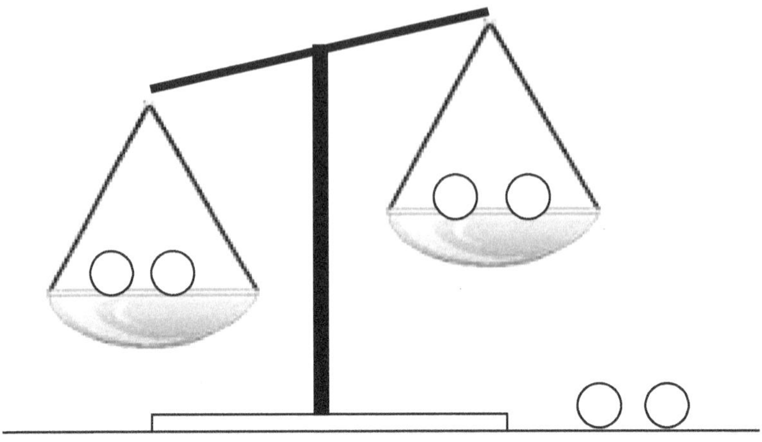

– Droga, uma dessas 4 pérolas na balança é a diferente – reclamou Caio.

– E daí?

– Vou ter que pensar um pouquinho.

– Então, trate de pensar esse "pouquinho" bem rápido! Não posso ficar aqui eternamente. Tenho um mundo a conquistar.

– Pare de gritar! Isso não ajuda nada!

– Mas quem pensa que é para falar comigo desse jeito? – enfureceu-se o conquistador.

– Sou seu irmãozinho de sangue, lembra?

– Cuidado, Caio, não me provoque! Sou capaz até de matar meu melhor amigo se ficar fora de mim.

A discussão foi interrompida com uma estridente gargalhada vinda das chamas do deus promotor.

– Que maravilha! Por favor, continuem. Isto está ficando cada vez melhor.

Caio respirou fundo e olhou para Alexandre, que tentava com todas as forças se manter sob controle. Por um instante, voltou-se para a balança.

– Isto está pior do que resolver a receita do pai da Daphne.

– Do que você está falando? – estranhou Alexandre.

– Do problema que eu resolvi com a Daphne, usando equação e... Ei! Equação. É isso! A pérola diferente não deixa de ser uma incógnita que devemos isolar das outras pérolas.

– Você tem razão – animou-se o antigo aluno de Aristóteles. O equilíbrio da balança é como se fosse uma equação.

– O que você acha de a gente tirar uma pérola de cada prato? – sugeriu Caio.

– Não, não vai adiantar. Se a pérola diferente for uma das eliminadas, a balança vai manter-se em equilíbrio.

– E aí a gente só tem que pegar as duas pérolas de fora e trocar com duas que estão na balança. Se equilibrar, a pérola diferente é uma das duas que tiramos da balança. E aí basta fazer uma terceira pesagem com uma dessas duas pérolas.

– Não se esqueceu de nada, Caio Zip?

– O quê? – disse Caio, tentando rever sua ideia. – Ah, é! Eu esqueci que, além de descobrir a pérola diferente, temos de saber também se ela é mais leve ou mais pesada. Que Droga! Tava bom demais. Não vai adiantar tirar pérolas do prato. O que mais podemos fazer, então?

– Analisar todas as possibilidades de uma forma lógica! Vejamos, o que está faltando? Espere um pouco – Alexandre se aproximou da balança e teve uma ideia. – Nós não temos que tirar... o que temos que fazer é trocar duas pérolas, uma de cada lado da balança.

– Trocar?

– Isso mesmo! Se a inclinação mudar, a pérola diferente é uma das duas pérolas trocadas. – o rei solicitou que finalizassem a troca.

– Não mudou. Os pratos continuam do mesmo jeito.

– Então a pérola é uma das duas que não troquei! – o semideus ficou animado, enquanto o fogo de Ahura tornou-se mais flamejante.

– Só sobraram duas pérolas – disse Caio, preocupado. – Uma delas é a diferente! E agora? Só resta uma última chance para usar a balança.

– Não tem problema. Só tenho que separar uma delas e fazer a terceira pesagem na balança com outra pérola qualquer...

– Se equilibrar, a pérola diferente será a separada.

– Mas se inclinar... – deduziu Alexandre, olhando para os deuses ansiosos pelo desfecho. Com um sorriso no rosto, o rei solicitou que fizessem a pesagem com uma das pérolas suspeitas, e a balança ficou equilibrada. – A pérola diferente é aquela que ficou separada!

– Ah – desprezou o deus Persa. – Vocês estão fritos. Descobriram qual é a pérola diferente, mas não sabem se é mais leve ou mais pesada do que as outras. Acabou. Finalmente acabou. Alexandre vai morrer jovem sem conseguir completar seu império.

– Nunca! – lutou o conquistador. – Eu nunca vou morrer. Eu serei eterno e nada pode mudar meu destino.

– Acabou, sim, e vocês agora ficarão comigo.

– Não! – relutou o rei – A pérola... Eu também sei o seu peso. Será que vocês, deuses, são cegos?

Enquanto Alexandre lutava para não ser arrastado para dentro da chama, Caio Zip ficou a olhar atentamente para todas as evidências... Subitamente, pôs-se a gritar.

– Já entendi! A pérola... A pérola!

– O que tem ela? – indagou a deusa da sabedoria com um sorriso no olhar. – O que você descobriu?

– Mas é lógico que a pérola diferente vai ser mais leve ou mais pesada, dependendo de onde ela veio da pesagem anterior, se do lado que subiu ou do que desceu. Veja, a pérola diferente veio do prato que desceu, então... Ela é mais pesada do que as outras. Soltem Alexandre! – disse Caio, tentando se aproximar do réu cercado pelas chamas do deus persa. – Solte logo! O caso está encerrado. Solte! Solte!

Alexandre começou a sentir um calor intenso envolvendo todo o seu ser. Sentia como se seu corpo estivesse ardendo em brasas, encharcado de tanto suor. Tudo a sua volta começou a girar. Tentou fixar seus olhos em alguma coisa, mas a visão teimava em não entrar em foco. Ao recobrar os sentidos, lentamente, foi enxergando a silhueta de uma pessoa que o chamava.

Quando percebeu que se tratava da imagem do médico Felipe, ficou confuso. Porém, ao virar-se para o lado, encontrou o irmão defensor e gritou:

– Caio! Eu acertei o desafio? Eu não fui executado? Eu consegui! Eu venci a ira de Ahura!

18. O Retorno

Eu prefiro viver uma vida curta e gloriosa a uma longa, porém na obscuridade.

Alexandre, o Grande.

Aos poucos, o grande conquistador foi se recuperando da febre que o fizera delirar. O médico Felipe, um homem alto, forte e de barba branca, aproveitou o restabelecimento do precioso paciente e foi descansar. Ele custara a fazer Alexandre voltar dos mortos. Só obteve sucesso graças à dedicação dos amigos. Eles se revezaram para mantê-lo sob cuidados e refrescá-lo com os lenços encharcados com uma emulsão que tinha um forte perfume de jasmim.

Depois de adquirir suas forças novamente, o rei anunciou a decisão de retornarem, que foi intensamente comemorada por todos.

Para convencer os deuses a terminar com o mau tempo que impedia o esperado regresso, o rei mandou erguer ao longo do Hifásis doze altares gigantescos em honra aos doze deuses do Olimpo. Alexandre ofereceu sacrifícios e homenagens, e quando os ventos, finalmente, trouxeram dias secos, o grupo marchou para o Indo. Alcançou Sângala, depois Alexandria de Bucéfala e Alexandria de Niceia.

Foi nesse lugar que o oficial Coinos adoeceu e acabou morrendo. Alexandre homenageou o amigo, relatando os feitos heroicos do comandante na batalha de Gaugamela, cujo resultado determinou a queda definitiva do gigantesco império da Pérsia, com a derrota estrondosa do rei Dario III.

O corpo foi encerrado em sua armadura e colocado num esplêndido túmulo erguido pelo conquistador.

Piras foram montadas e, em cada uma, foram colocados os corpos de outros soldados, que também haviam perdido suas vidas durante a conquista daquele mundo sem fim. As chamas ardiam junto do sofrimento ali contido. Os oficiais reprimiam suas lágrimas enquanto uma escolta recolhia as cinzas que iam sendo depositadas em urnas onde também eram deitadas as espadas, abrasadas pelo fogo, depois retorcidas para não mais serem manejadas por meros mortais. Cada urna foi escoltada para que um sacerdote selasse a moradia final e a cobrisse com um pano bordado com o nome, a família e a origem da cinza guerreira.

Caio Zip, como os outros companheiros, ficou ao lado da guarda de honra, que evocava com todo ardor o nome do grande oficial e de cada um dos seus comandados para que o vento levasse seus espíritos guerreiros até os deuses.

Chegando em Hidaspes, os homens, agora alegres, logo puseram mãos à obra, construindo as embarcações que os levariam para casa.

Utilizando centenas de árvores que foram reduzidas a tábuas, com o auxílio dos mestres carpinteiros, começaram a montar os cascos. Após o toque final dos pintores, que sempre pintavam um olho gigante na proa dos barcos para espantar o mau-olhado, lançaram uma frota composta de oitenta barcos, cada um impulsionado pela ajuda de cento e setenta remos, e mais dezenas de barcaças de carga nas águas, com um grande alvoroço, entre pulos e gritos de alegria. O almirante Nearcos assumiu o comando do navio maior, no qual embarcaram Alexandre, Roxana, Caio e todos os amigos. A metade do exército viajou sob o comando de Crátero, marchando através da Aracósia.

Os remos desceram às águas e, assim, todos imaginavam estar iniciando a viagem para o lar. Era um grande espetáculo ver aquelas embarcações descendo ao longo do rio com milhares de soldados a bordo.

Ao anoitecer, os navios de guerra movidos por três fileiras de remos, os trirremes, seguidos pelos barcos menores, continuaram o trajeto seguindo um ao outro com a ajuda de lamparinas e do canto dos marinheiros. O som das flautas tocadas para marcar o ritmo dos remadores era apreciado pelos tripulantes.

Caio avistava extasiado a paisagem acompanhado por Daphne. Ela admirava o novo traje que Caio usava, presenteado por Alexandre: era uma armadura dourada com o símbolo macedônio, um sol com dezesseis raios. Caio estava tentando se acostumar com a pesada roupa, já que se sentia o máximo com ela.

O casal estava envolvido com a música, contemplando as estrelas num cenário mágico. Daphne, mais linda do que nunca, segurava um pequeno lenço de seda lilás transparente, com um suave perfume, que parecia ter um efeito especial em Caio. Era tudo o que eles precisavam para se sentirem envolvidos um com o outro. Daphne estava com a cabeça apoiada no ombro de Caio, que sussurrava uma melodia estranha para a jovem. Ele passou o braço pela cintura da bela. Daphne aproximou-se mais e os dois se entreolharam compartilhando uma expressão doce. Caio sentia-se estranho com se estivesse fora do corpo. Daphne apertou os ombros dele com as suas mãos um pouco trêmulas. Caio acariciou com os dedos os cabelos de Daphne que não resistiram e se soltaram da pequena fita, caindo sobre os ombros nus da moça. A pele dela roçava na dele com leveza, parecia cintilar na penumbra. Caio, então, acariciou suavemente os lábios da macedônia com sua mão quente. Daphne procurava se fixar nos olhos profundos daquele rapaz de costumes tão diferentes e que, agora, parecia ser único. O mundo naquele momento não tinha mais a menor importância. Ele se aproximou dos lábios entreabertos da jovem que, aos poucos, se entregou ao beijo profundo. Ele a agarrou suavemente e, depois, os dois se envolveram em abraços que foram se tornando intensos.

A noite não poderia ser mais perfeita, até o instante em que Daphne ouviu algo que a fez se afastar de Caio. Ela assustou-se ao avistar na proa uma estranha nuvem azul brilhante se formando. De súbito, o estranho fenômeno foi se aproximando e envolveu Caio por completo. A macedônia, sem compreender, foi lançada para longe e Caio, levado gradativamente para as profundezas do rio.

– Caio, nããããão!

Alexandre e os amigos, alertados pelo eco do grito da jovem, tentaram socorrer o afogado. Logo, outros se juntaram a eles e correram pelo convés à procura de algo que os ajudasse no resgate. Alexandre, empunhando uma longa lança, tentou fincar a arma nas águas revoltas do rio à procura de algum sinal do corpo tragado. A luz azul-clara brilhante que mantinha uma brecha no rio foi desaparecendo lentamente. Todos a bordo ficaram apavorados.

– É a ira de Poseidon! – alarmou-se Enelau, acreditando estar diante da ira do deus dos rios e mares.

– Não! – revoltou-se Alexandre, surrando a murada. – Isso foi obra de outro deus. Só pode ser.

O conquistador virou-se para o céu e gritou:

– Deixe Caio, Ahura! Solte-o e lute comigo!

O céu escureceu e uma forte brisa tocou nas velas do trirreme. As corredeiras tornaram-se violentas, ameaçando a frota, carregando o navio indefeso para longe e engolindo o segredo do viajante do tempo, mergulhado em seu destino incerto.

Memórias de Alexandre, o Grande

Nasci em 356 a.C. no palácio de Pela, Macedônia. Meu pai era o rei Filipe II e minha mãe era a rainha Olímpia. Cedo me destaquei como um rapaz valente e inteligente.

Quando tinha 13 anos, meu pai encarregou um dos homens mais sábios da época, Aristóteles, de me educar. Com esse tutor, aprendi as mais variadas disciplinas: retórica, política, matemática, ciências físicas e naturais, medicina e geografia, ao mesmo tempo em que me interessava pela história grega e pela obra de autores como Eurípides e Píndaro. Também me distingui nas artes marciais e na doma de cavalos, de tal forma que, em poucas horas, dominei Bucéfalo, que viria a ser minha fiel montaria.

Eu também gostava muito de ler os trabalhos de Homero. De fato, eu adorava tanto a Ilíada que adotei Aquiles como meu herói.

Minha mãe era uma princesa epirana, e por essa razão, e também por ouvir tantas histórias que ela me contava, cheguei a acreditar ser descendente de Aquiles, que foi cultuado como um deus e foi um dos grandes personagens da guerra de Troia. Segundo a lenda, Aquiles foi atingido no calcanhar por uma traiçoeira flecha disparada pelo amante de Helena, o príncipe Paris.

Com apenas 16 anos, já me encarregava das colônias quando o meu pai estava ocupado com viagens políticas. Nessa mesma época, fundei minha própria colônia, Alexandroupolis.

Na arte da guerra, recebi lições do meu próprio pai, militar experiente e corajoso, que me ensinou estratégias e estimulou meus dotes de comando. Tive chance de mostrar meu valor aos 18 anos, quando, no comando de um esquadrão de cavalaria, venci o batalhão sagrado de Tebas na batalha de Queroneia em 338 a.C. Destaquei-me nessa batalha, comandando a cavalaria macedônia.

Em 337 a.C., meu pai casou-se com uma jovem chamada Cleópatra, sobrinha de Átalo, importante nobre macedônio. Depois disso, eu e meu pai só nos desentendíamos e, quando vi que minha mãe, sentindo-se menosprezada, exilou-se em Épiro, eu não tive escolha a não ser seguir os passos dela. Só um ano depois é que eu voltei a falar com meu pai e retornei à Macedônia.

A vida parecia que estava indo bem. Minha irmã, também chamada Cleópatra, casou-se com o meio-irmão de minha mãe, Alexandre de Épiro, mas, durante a festa, aconteceu o inesperado: mataram o meu pai!

Meu pai foi assassinado por Pausânias, talvez por instigação do rei persa que era inimigo do meu pai. Eu temi que o mandante tivesse sido minha mãe, por vingança. Não foi possível descobrir, o assassino foi morto logo após o crime. Que tragédia grega! Sabem que até teve gente que suspeitou de mim?

A segunda esposa do meu pai foi forçada a cometer suicídio e seu filho, meu meio-irmão, que algum dia poderia tentar me tirar a herança real, foi morto.

Depois do assassinato, foi a minha vez de subir ao trono da Macedô-

nia. Não demorei a dar início à expansão territorial do reino. Para tão grandiosa tarefa, contei com um poderoso e organizado exército. Uma das minhas melhores armas era a sarissa, uma lança com mais de cinco metros. Ninguém, nenhuma cavalaria, aguentava o choque contra minhas fileiras e mais fileiras carregando as sarissas. Pior eram as minhas máquinas de guerra, como os aríetes, as catapultas e as balistas. A minha cavalaria também não era nada fácil de enfrentar.

Imediatamente após subir ao trono, enfrentei rebeliões de várias cidades gregas. Pensaram que, por eu ser muito jovem, seria fácil me tirar o reino. Coitados! Mal sabiam eles com quem estavam lidando. Eu dominaria todos. Na Grécia, a cidade de Tebas opôs grande resistência a mim, o que me obrigou a um violento ataque no qual morreram milhares de tebanos.

Pacificada a Grécia, voltei meu espírito guerreiro para elaborar o mais ambicioso projeto: o domínio do império persa, na mais assombrosa campanha jamais vista. Em 334 a.C., cruzei o Helesponto, e já na Ásia avancei até o rio Grânico, onde enfrentei os persas pela primeira vez. Alcancei uma importante vitória. Prossegui triunfante, arrebatando cidades aos persas, até chegar a Górdia, onde havia uma lenda de que aquele que conseguisse desatar um complicado nó de uma corda teria assegurado o domínio da Ásia. Muitos tentaram e falharam. Eu fiquei alguns momentos verificando o intricado nó e me convenci de que seria impossível desatá-lo de uma forma convencional. Então, em um gesto de ousadia, desatei com a espada o famoso "nó górdio".

Ante o meu irresistível avanço, o rei dos persas, Dario III, foi ao meu encontro. Na batalha de Issus, derrotei os persas e daí começou o declínio do grande império. Em seguida, fui à Síria e depois ao Egito.

O meu sonho de unir a cultura oriental à ocidental começava a se concretizar. Depois de vencer o rei persa, fui em direção às cidades fenícias. A cidade na ilhota de Tiro se recusou a me aceitar e por isso a assediei e comecei a construir uma ponte flutuante com 60 metros de largura e 780 metros de comprimento. Para isso, usei os escombros da velha cidade de

Tiro, limpando completamente o terreno. Que ninguém ouse dizer que não sou um homem perseverante. Eu tomei Tiro depois de um cerco de sete longos meses. Mas... Tenho que confessar. É com tristeza que me lembro do quanto deixei minha ira tornar-se indomável. Como pude matar 8.000 tirianos e vender 30.000 para a escravidão, inclusive mulheres e crianças? Isto faz parte da guerra. Não tem como não acontecer. Isso foi o que fiz e não posso mais corrigir.

A cidade de Gaza foi minha nova vítima. Ela caiu depois de quatro meses de cerco.

O passo seguinte foi ocupar o Egito, sob o domínio persa desde 525 a.C., quando o rei Cambises, filho de Ciro, o invadiu.

No Egito, diferentemente dos persas, fiz uma campanha pacífica, respeitando ao máximo os cultos aos deuses egípcios. Foi emocionante quando cheguei ao santuário do oásis de Siwa no meio do deserto, pois, por pouco, eu e meus homens não nos perdemos. O sacerdote acolheu-me como a seu próprio filho. Aproveitei esse fato para dar a "prova divina" de minha predestinação para governar o Egito e unificar Ocidente e Oriente.

Em 332 a.C., fundei a cidade de Alexandria. Após a minha morte, soube que a cidade se converteu no maior foco cultural da antiguidade, pois lá foi criada a maior biblioteca do mundo, fundada pelo meu general e amigo fiel Ptolomeu.

Depois de submeter a Mesopotâmia, enfrentei novamente Dario na batalha de Gaugamela, cujo resultado determinou a queda definitiva da Pérsia. Dario, que fugiu da batalha, como da vez anterior, foi assassinado pelos próprios persas numa região remota e montanhosa. Fiquei muito desapontado por não ter tido um combate final com Dario, mas o prêmio estava agora a minha mercê. Finalmente, conheci a riquíssima e bela cidade de Persépolis, mas, infelizmente, a festa que dei em minha homenagem e os saques que liberei naquela noite saíram do controle e a cidade foi totalmente destruída por um grande incêndio. Foi desesperador, e o pior é que nem tive tempo para reparar o estrago. Mais tarde, fui proclamado rei da Ásia e sucessor da dinastia persa. No dia da consagração, vesti-me com trajes persas. Meus homens não gostaram, pois, para eles, era inconcebível um homem, como eu, criado pela cultura grega, aceitar vestir calças. Não os ouvi. Eu só pensava numa coisa naquele momento: conquistar tudo! Para isso tinha de conquistar os corações dos persas adotando seus costumes.

Acabei descobrindo que o maior pesadelo de um rei estava me cercando. Uma conspiração para me matar estava em andamento. Eu descobri que o general Filotas, filho do velho general Parmênio, era um dos conspiradores. Não tive escolha, eu o executei. Quando o pai, o velho Parmênio, soube o que fiz... Que tragédia! Tinha de ser o filho do oficial mais valente que serviu ao meu pai, o meu braço direito, que tanto me orientou na batalha de Grânico? Não tive como contornar a situação. Eu mandei executá-lo. Assim também fiz com outros envolvidos em mais conspirações, como Calístenes. Matar o meu historiador e sobrinho de Aristóteles foi tremendamente errado. As coisas não poderiam ir pior do que já estavam indo, pensei. Mas eu estava muito enganado.

Durante uma festa, o oficial Clito, o Negro, que me salvara várias vezes durante batalhas e serviu ao meu pai, questionou as minhas atitudes orientalizantes e também alegou que eu tudo devia ao meu pai Filipe. Num momento de ira, eu, ofendido e muito bêbado, empurrei os outros oficiais na minha frente e, depois de muita confusão, acabei cravando uma lança no velho amigo. Quando finalmente tomei consciência de meu ato, eu me arrependi e vi aquela perda como o maior erro da minha vida.

Bem, pelo menos, deu-se trégua às conspirações e não tive de enfrentar mais objeções quando fiquei apaixonado e acabei me casando com Roxana, filha do sátrapa da Bactriana.

Nada me impediu de continuar meu projeto imperialista em direção ao Oriente, nem mesmo a minha marcha forçada por uma região desconhecida. Para isso pus em ação o grupo de meu estado-maior, guarnecido de cientistas, historiadores, cartógrafos, engenheiros e médicos militares.

Em 326 a.C., dirigi minhas tropas para a longínqua Índia, na qual fundei colônias militares e cidades, entre as quais Niceia e Bucéfala – esta erigida em memória de meu cavalo morto durante o combate contra o rei Poros às margens do rio Hidaspes. Nesse local, meus homens tiveram o desprazer de se deparar com crocodilos nadando no rio e, naquela época, só se tinha conhecimento desse "grande lagarto" no rio Nilo. Foi fácil acreditar, erroneamente, que havíamos encontrado a nascente do famoso rio egípcio. O derretimento da neve das gigantescas montanhas, que desce tanto pelo rio Indo quanto pelo Hidaspes, explicaria as inundações anuais das terras egípcias? Em seguida, ordenei que meu almirante Nearcos construísse imediatamente uma frota apropriada para uma expedição, enquanto prosseguia com o restante em busca do mundo desconhecido.

Pouco tempo depois, ao atingir o rio Hifásis minhas tropas, cansadas por enfrentar a indomável natureza da região, amotinaram-se.

A chuva dos trópicos havia começado, as matas emaranhadas, antes secas, transformaram-se em terríveis florestas lamacentas: já não podiam mais acender fogo, secar a roupa ou cozinhar. Além disso, tinham de enfrentar os insetos sugadores de sangue, os tigres famintos, as cobras venenosas e os elefantes usados como tanques de guerra pelos adversários indianos.

Fiquei profundamente magoado quando vi que estava sendo forçado a regressar à Pérsia, sem antes desbravar a verdadeira Índia, nas regiões do rio Ganges. Isso foi culpa do meu exército que não aguentou mais tanto sofrimento. Mas deixe estar, eu voltarei sim, mas eu voltarei em breve com um novo exército e... Como me enganei! Agora que estou morto e vejo que nunca mais voltarei, sinto o gosto da derrota.

Enquanto uma parte do meu exército voltou, explorando o rio tortuoso Hidaspes, eu marchei ao longo da costa em direção à pátria. Nessa caminhada forçada, atravessamos desertos terríveis e muitos de meus comandados morreram. Retornei a Persépolis e, em Susa, celebrou-se o meu casamento com Statira, filha de Dario. Eu estava feliz com minhas esposas, com meu harém herdado do rei Dario, e cercado pelos meus amigos de muitas lutas. Meus oficiais e 10 mil soldados gregos casaram-se, no mesmo dia, com mulheres persas. Mas, então, perdi meu grande amigo Hefestion e, já na Babilônia, durante uma festa, fui acometido por uma febre desconhecida que acabou por derrotar meus médicos. Nenhum deles soube curar-me.

No final, eu morri na Babilônia, a 13 de junho de 323 a.C., com a idade de 33 anos. Isso foi injusto! Eu mal tinha começado minhas conquistas! E agora, o que aconteceu com o meu império? O império que tanto me esforcei em construir, que era incomparável, que produzi com a harmoniosa união do Oriente e do Ocidente, começou a desmoronar. Sem mim, sem a minha liderança, não havia como manter minhas conquistas de território tão amplo e complexo. Ninguém estava à altura de me suceder. O que aconteceu? O meu império acabou em pedaços. Meus oficiais o partiram e o retalharam, e alguns povos recuperaram seus antigos territórios.

Pelo menos, algo muito importante restou. Eu consegui difundir a cultura grega nas regiões conquistadas, e isso ninguém conseguiu estragar. Acho que, no final, valeu a pena ter vivido. Eu tenho que admitir que eu não conseguiria tamanha façanha se não tivesse o apoio de um exército forte e efetivo de homens devotados, cuja organização se deveu muito aos esforços pessoais de meu pai, o rei Filipe II.

Também tenho que admitir que devo o meu sucesso especialmente ao meu exército de engenheiros. Se não fossem eles, como enfrentaria exércitos superiores em número? Foram eles que me deram um armamento superior, que construíram catapultas e aríetes e calcularam o ângulo e a distância dos arremessos das balistas para atingirem os alvos com precisão. Sem eles, como eu construiria navios para transportar soldados, enfrentar meus inimigos e explorar rios selvagens? Sem a determinação dos engenheiros construtores de pontes resistentes, o meu exército não teria como transpor rios largos em segurança para prosseguir sua marcha. Será que eu conseguiria isso sem a criatividade dos soldados projetistas?

Meu tempo mortal na Terra se extinguiu, mas isso não importa mais. Fui eu quem conquistou mais do que todos os deuses poderiam almejar. Eu marquei divinamente o tempo com o meu nome, que nunca será esquecido. Eu sou Alexandre III da Macedônia. Eu sou Alexandre Magno, assim os romanos, séculos depois de mim, enalteceram-me, não só por causa das minhas vitórias, mas também por minha dedicação em espalhar por todos os cantos em que estive o verdadeiro culto, o valor da arte e da ciência. Sim, para todos os tempos, sempre serei reconhecido como

Alexandre, o Grande.

Curiosidades

Máquinas de guerra da época de Alexandre

Catapulta – *Criada em Siracusa por volta do ano 400 a.C. como arma de cerco contra fortificações, a catapulta lança pedras e outros objetos a grande distância, evitando obstáculos como muralhas e fossos. Pode ser de tensão e de torção, de acordo com o tipo de mecanismo que guarda e libera a energia para arremessar o projétil. As primeiras catapultas eram de tensão, em que um membro sob forte tensão é liberado e lança o projétil. Logo depois desenvolveram a catapulta de torção, em que há cordas ou fibras que são torcidas, fornecendo a força para propelir o braço lançador do projétil. Alexandre, o Grande, tinha em seu exército engenheiros que construíam catapultas e outras armas rapidamente, e as empregavam como uma artilharia moderna, dando a ele enorme vantagem contra o inimigo, e foi o primeiro a introduzir a ideia de usá-las também no combate campal.*

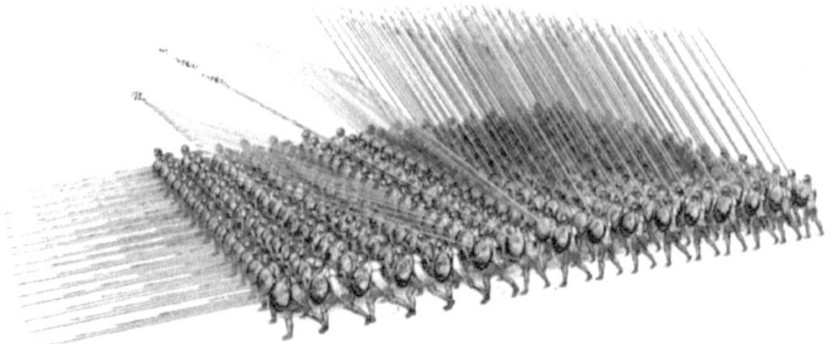

Falange – *criada pelo rei Filipe, utilizava as sarissas (lanças de mais de 5 metros), e era capaz de enfrentar cavalaria pesada e carros de combate.*

Aríete com torre – *usado para invadir cidades fortificadas. Começou a ser utilizado em Siracusa e depois por Alexandre, o Grande.*

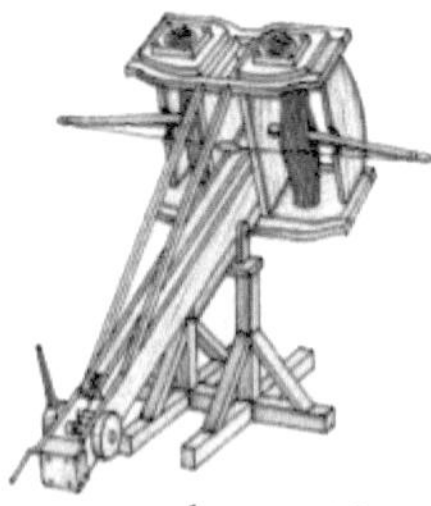

Balista – *Lançava vários tipos de projéteis, como esferas metálicas e dardos de cabeça metálica ou de ponta incendiária. Parecia uma gigantesca besta e, para se armar, era necessário puxar a corda para trás usando a engrenagem.*

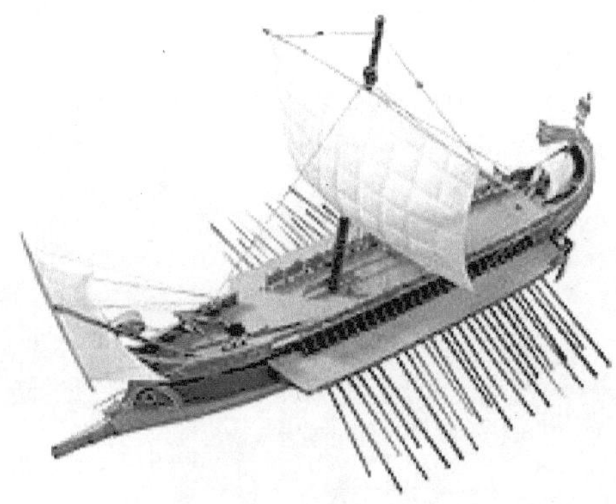

Barco trirreme – Os *remadores ficavam em três níveis, permitindo maior número de homens em navios menores. A trirreme tinha cerca de 36 metros de comprimento por 5 metros de largura e 200 homens a bordo. Os trirremes chegavam a cobrir mais de 300 km a uma velocidade constante de 13 km/h. Sua velocidade de arranque podia chegar a 21 km/h. Durante as guerras com a Pérsia, Atenas chegou a ter 300 desses barcos, o que dava um contingente de 60 mil homens em ação. O trirreme era apropriado para a luta de abordagem ao navio inimigo com uso do esporão na proa. Cada trirreme tinha 170 remadores e mais uma tripulação de uns 30 homens, entre marinheiros e ferozes soldados hoplitas, estes destinados a cair com toda força sobre os inimigos durante as abordagens.*

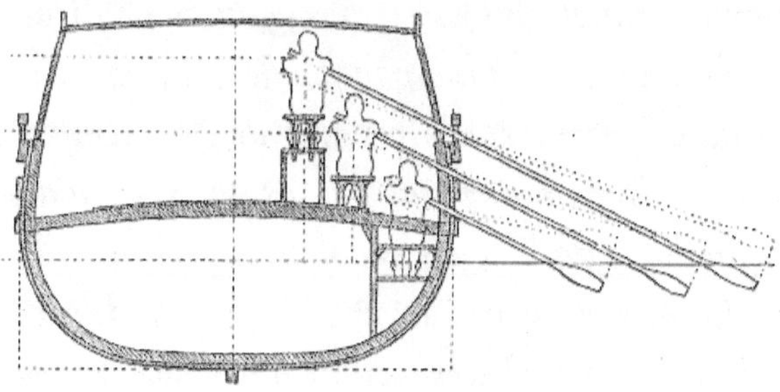

Disposição dos remadores em um trirreme, segundo o historiador J. S. Morrison.

Mapa do império de Alexandre

Este mapa mostra a extensão do império conquistado por Alexandre e a rota que seguiu desde a sua saída da Macedônia, em 334 a.C., passando pelo Oriente Médio, Egito, Pérsia, Báctria (atuais Afeganistão e Paquistão) e Índia, e voltando à Pérsia, onde faleceu na Babilônia, em 323 a.C., na idade de apenas 33 anos incompletos. Para manter este imenso império, Alexandre tomou uma série de medidas políticas de grande alcance. Começou por estabelecer uma política de união entre vencidos e vencedores por meio de casamentos. Ele próprio deu o exemplo casando com uma princesa persa. Depois, abriu as fileiras do exército aos soldados e oficiais inimigos, fundou cidades e criou colônias militares, destinadas a espalhar a civilização entre os povos bárbaros. Cercou-se de sábios e artistas a quem encarregou de dar a conhecer a cultura helênica. Alexandre popularizou o uso da língua grega, desenvolveu o comércio e a indústria e intensificou as relações entre o Oriente e o Ocidente.

Aristóteles *(384-322 a.C.) – Sua filosofia é baseada numa observação minuciosa da natureza, da sociedade e dos indivíduos, organizando-a de uma forma verdadeiramente didática. A sua ideia fundamental era a de tudo classificar, dividindo as coisas segundo a sua semelhança ou diferença, obedecendo a um conjunto de perguntas muito simples, hierarquizando todas as coisas, de uma forma tão ordenada que até então ninguém conseguira fazer.*

Liceu *– Alto-relevo romano mostrando um debate em um Liceu. Quando Alexandre subiu ao trono, Aristóteles regressou a Atenas, onde criou a sua própria escola. O Liceu era um verdadeiro centro de investigação, apoiado por Alexandre. Nele, Aristóteles e os seus discípulos recolhiam informações acerca de tudo, organizando pesquisas filosóficas e científicas em alta escala e reunindo vasto material referente a todo o conhecimento da época.*

Os autores

REGINA GONÇALVES é graduada em Matemática e pós-graduada em Análise de Sistemas. REGIS L. A. ROSA é graduado em engenharia e pós-graduado em marketing, economia e finanças. Regis e Regina são apaixonados por Arte, Ciência e História Mundial, paixão que os levou a serem os autores da série de livros "Caio Zip, o Viajante do Tempo", que tem muita aventura, mistério, desafios e diversão.

www.ingramcontent.com/pod-product-compliance
Lightning Source LLC
LaVergne TN
LVHW101944220826
846093LV00006B/106

* 9 7 8 8 5 6 3 3 8 2 6 2 7 *